A Revolução Coreana

FUNDAÇÃO EDITORA DA UNESP

Presidente do Conselho Curador
Mário Sérgio Vasconcelos

Diretor-Presidente
Jézio Hernani Bomfim Gutierre

Superintendente Administrativo e Financeiro
William de Souza Agostinho

Conselho Editorial Acadêmico
Danilo Rothberg
Luis Fernando Ayerbe
Marcelo Takeshi Yamashita
Maria Cristina Pereira Lima
Milton Terumitsu Sogabe
Newton La Scala Júnior
Pedro Angelo Pagni
Renata Junqueira de Souza
Sandra Aparecida Ferreira
Valéria dos Santos Guimarães

Editores-Adjuntos
Anderson Nobara
Leandro Rodrigues

Paulo G. Fagundes Visentini
Analúcia Danilevicz Pereira
Helena Hoppen Melchionna

A REVOLUÇÃO COREANA
O desconhecido socialismo Zuche

COLEÇÃO REVOLUÇÕES DO SÉCULO 20
DIREÇÃO DE EMÍLIA VIOTTI DA COSTA

© 2015 Editora Unesp

Direitos de publicação reservados à:
Fundação Editora da Unesp (FEU)
Praça da Sé, 108
01001-900 – São Paulo – SP
Tel.: (0xx11) 3242-7171
Fax: (0xx11) 3242-7172
www.editoraunesp.com.br
www.livrariaunesp.com.br
atendimento.editora@unesp.br

CIP – Brasil. Catalogação na publicação
Sindicato Nacional dos Editores de Livros, RJ

V682r

Visentini, Paulo G. Fagundes, 1955-
 A Revolução Coreana: o desconhecido socialismo Zuche / Paulo G. Fagundes Visentini, Analúcia Danilevicz Pereira, Helena Hoppen Melchionna. – 1. ed. – São Paulo: Editora Unesp, 2015.
 (Revoluções do século XX)
 ISBN 978-85-393-0585-8

 1. Coreia (Norte) – História – Século XX. 2. Coreia (Norte) – História – Revolução. 3. Coreia – História. I. Pereira, Analúcia Danilevicz. II. Melchionna, Helena Hoppen. III. Título. IV. Série.

15-21958
CDD: 951.9304
CDU: 94(519.3)

Editora afiliada:

Asociación de Editoriales Universitarias de América Latina y el Caribe

Associação Brasileira de Editoras Universitárias

Apresentação da coleção

O século XIX foi o século das revoluções liberais; o XX, o das revoluções socialistas. Que nos reservará o século XXI? Há quem diga que a era das revoluções está encerrada, que o mito da Revolução que governou a vida dos homens desde o século XVIII já não serve como guia no presente. Até mesmo entre pessoas de esquerda, que têm sido através do tempo os defensores das ideias revolucionárias, ouve-se dizer que os movimentos sociais vieram substituir as revoluções. Diante do monopólio da violência pelos governos e do custo crescente dos armamentos bélicos, parece a muitos ser quase impossível repetir os feitos da era das barricadas.

Por toda parte, no entanto, de Seattle a Porto Alegre ou Mumbai, há sinais de que hoje, como no passado, há jovens que não estão dispostos a aceitar o mundo tal como se configura em nossos dias. Mas, quaisquer que sejam as formas de lutas escolhidas, é preciso conhecer as experiências revolucionárias do passado. Como se tem dito e repetido, quem não aprende dos erros do passado está fadado a repeti-los. Existe, contudo, entre as gerações mais jovens, uma profunda ignorância desses acontecimentos tão fundamentais para a compreensão do passado e a construção do futuro. Foi com essa ideia em mente que a Editora Unesp decidiu publicar esta coleção. Esperamos que os livros venham a servir de leitura complementar aos estudantes da escola média, universitários e ao público em geral.

Os autores foram recrutados entre historiadores, cientistas sociais e jornalistas, norte-americanos e brasileiros, de posições políticas diversas, cobrindo um espectro que vai do centro até a esquerda. Essa variedade de posições foi conscientemente buscada. O que perdemos, talvez, em consistência, esperamos ganhar na diversidade de interpretações que convidam à reflexão e ao diálogo.

Para entender as revoluções no século XX, é preciso colocá-las no contexto dos movimentos revolucionários que se desencadearam a partir da segunda metade do século XVIII, resultando na destruição final do Antigo Sistema Colonial e do Antigo Regime. Apesar das profundas diferenças, as revoluções posteriores procuraram levar a cabo um projeto de democracia que se perdeu nas abstrações e contradições da Revolução de 1789, e que se tornou o centro das lutas do povo a partir de então. De fato, o século XIX assistiu a uma sucessão de revoluções inspiradas na luta pela independência das colônias inglesas na América e na Revolução Francesa.

Em 4 de julho de 1776, as treze colônias que vieram inicialmente a constituir os Estados Unidos da América declaravam sua independência e justificavam a ruptura do Pacto Colonial. Em palavras candentes e profundamente subversivas para a época, afirmavam a igualdade dos homens e apregoavam como seus direitos inalienáveis: o direito à vida, à liberdade e à busca da felicidade. Afirmavam que o poder dos governantes, aos quais cabia a defesa daqueles direitos, derivava dos governados. Portanto, cabia a estes derrubar o governante quando ele deixasse de cumprir sua função de defensor dos direitos e resvalasse para o despotismo.

Esses conceitos revolucionários que ecoavam o Iluminismo foram retomados com maior vigor e amplitude treze anos mais tarde, em 1789, na França. Se a Declaração de Independência das colônias americanas ameaçava o sistema colonial, a Revolução Francesa viria pôr em questão todo o Antigo Regime, a ordem social que o amparava, os privilégios da aristocracia, o sistema de monopólios, o absolutismo real, o poder divino dos reis.

Não por acaso, a Declaração dos Direitos do Homem e do Cidadão, aprovada pela Assembleia Nacional da França, foi redigida pelo marquês de La Fayette, francês que participara das lutas pela independência das colônias americanas. Este contara com a colaboração de Thomas Jefferson, que se encontrava na França, na ocasião como enviado do governo americano. A Declaração afirmava a igualdade dos homens perante a lei. Definia como seus direitos inalienáveis a liberdade, a propriedade, a segurança e a resistência à opressão, sendo a preservação desses direitos o objetivo de toda associação política. Estabelecia que ninguém poderia ser privado de sua propriedade, exceto em casos de evidente necessidade pública legalmente comprovada, e desde que fosse prévia e justamente indenizado. Afirmava ainda a soberania da nação e a supremacia da lei. Esta era definida como expressão da vontade geral e deveria ser igual para todos. Garantia a liberdade de expressão, de ideias e de religião, ficando o indivíduo responsável pelos abusos dessa liberdade, de acordo com a lei. Estabelecia um imposto aplicável a todos, proporcionalmente aos meios de cada um. Conferia aos cidadãos o direito de, pessoalmente ou por intermédio de seus representantes, participar na elaboração dos orçamentos, ficando os agentes públicos obrigados a prestar contas de sua administração. Afirmava ainda a separação dos poderes.

Essas declarações, que definem bem a extensão e os limites do pensamento liberal, reverberaram em várias partes da Europa e da América, derrubando regimes monárquicos absolutistas, implantando sistemas liberal-democráticos de vários matizes, estabelecendo a igualdade de todos perante a lei, adotando a divisão dos poderes (legislativo, executivo e judiciário), forjando nacionalidades e contribuindo para a emancipação dos escravos e a independência das colônias latino-americanas.

O desenvolvimento da indústria e do comércio, a revolução nos meios de transporte, os progressos tecnológicos, o processo de urbanização, a formação de uma nova classe social – o proletariado – e a expansão imperialista dos países europeus na África e na Ásia geravam deslocamentos, conflitos sociais e guerras em várias partes do mundo. Por toda parte os grupos excluídos defrontavam-se com novas oligarquias que não atendiam às suas necessidades e não respondiam aos seus anseios. Estes extravasavam em lutas visando tornar mais efetiva a promessa democrática que a acumulação de riquezas e poder nas mãos de alguns, em detrimento da grande maioria, demonstrara ser cada vez mais fictícia.

A igualdade jurídica não encontrava correspondência na prática; a liberdade sem a igualdade transformava-se em mito; os governos representativos representavam apenas uma minoria, pois a grande maioria do povo não tinha representação de fato. Um após outro, os ideais presentes na Declaração dos Direitos do Homem foram revelando seu caráter ilusório. A resposta não se fez tardar.

Ideias socialistas, anarquistas, sindicalistas, comunistas ou simplesmente reformistas apareceram como críticas ao mundo criado pelo capitalismo e pela liberal-democracia. As primeiras denúncias ao novo sistema surgiram contemporaneamente à Revolução Francesa. Nessa época, as críticas ficaram restritas a uns poucos revolucionários mais radicais, como Gracchus Babeuf. No decorrer da primeira metade do século XIX, condenações da ordem social e política criada a partir da Restauração dos Bourbon na França fizeram-se ouvir nas obras dos chamados socialistas utópicos como Charles Fourier (1772-1837), o conde de Saint-Simon (1760-1825), Pierre Joseph Proudhon (1809-1865), o abade Lamennais (1782-1854), Étienne Cabet (1788-1856), Louis Blanc (1812-1882), entre outros. Na Inglaterra, Karl Marx (1818-1883) e seu companheiro Friedrich Engels (1820-1895) lançavam-se na crítica sistemática ao capitalismo e à democracia burguesa, e viam na luta de classes o motor da história e, no proletariado, a força capaz de promover a revolução social. Em 1848, vinha à luz o *Manifesto comunista*, conclamando os proletários do mundo a se unirem.

Em 1864, criava-se a Primeira Internacional dos Trabalhadores. Três anos mais tarde, Marx publicava o primeiro volume de *O capital*. Enquanto isso, sindicalistas, reformistas e cooperativistas de toda espécie, como Robert Owen, tentavam humanizar o capitalismo. Na França, o contingente de radicais aumentara bastante, e propostas radicais começaram a mobilizar um maior número de pessoas entre as populações urbanas. Os socialistas, derrotados em 1848, vieram a assumir a liderança por um breve período na Comuna de Paris, em 1871, quando foram novamente vencidos. Apesar de suas derrotas e múltiplas divergências entre os militantes, o socialismo foi ganhando adeptos em várias partes do mundo. Em 1873, dissolvia-se a Primeira Internacional. Marx veio a falecer dez anos mais tarde, mas sua obra continuou a exercer poderosa influência. O segundo volume de *O capital* saiu em 1885, dois anos após sua morte, e o terceiro, em 1894. Uma nova Internacional foi fundada em 1889. O movimento em favor de uma mudança radical ganhava um número cada vez maior de participantes, em várias partes do mundo, culminando na Revolução Russa de 1917, que deu início a uma nova era.

No início do século XX, o ciclo das revoluções liberais parecia definitivamente encerrado. O processo revolucionário, agora sob inspiração de socialistas e comunistas, transcendia as fronteiras da Europa e da América para assumir caráter mais universal. Na África, na Ásia, na Europa e na América, o caminho seguido pela União Soviética alarmou alguns e serviu de inspiração a outros, provocando debates e confrontos internos e externos que marcaram a história do século XX, envolvendo a todos. A Revolução Chinesa, em 1949, e a Cubana, dez anos mais tarde, ampliaram o bloco socialista e forneceram novos modelos para revolucionários em várias partes do mundo.

Desde então, milhares de pessoas pereceram nos conflitos entre o mundo capitalista e o mundo socialista. Em ambos os lados, a historiografia foi profundamente afetada pelas paixões políticas suscitadas pela guerra fria e deturpada pela propaganda. Agora, com o fim da guerra fria, o desaparecimento da União Soviética e a participação da China em instituições até recentemente controladas pelos países capitalistas, talvez seja possível dar início a uma reavaliação mais serena desses acontecimentos.

Esperamos que a leitura dos livros desta coleção seja, para os leitores, o primeiro passo numa longa caminhada em busca de um futuro em que liberdade e igualdade sejam compatíveis e a democracia seja a sua expressão.

Emília Viotti da Costa

Sumário

Lista de siglas e abreviaturas   *15*

Introdução   *17*

1. Nacionalismo, comunismo e as origens da Revolução Coreana   *27*

2. Divisão, guerra civil e Guerra da Coreia (1945-1953)   *47*

3. O socialismo em meio país: reconstrução e socialismo *Zuche* (anos 1950-1960)   *75*

4. Da cisão sino-soviética à aliança sino-americana (anos 1960-1970)   *93*

5. Do apogeu às adversidades (anos 1970-1980)   *115*

6. Solidão e tragédias: a Marcha Penosa e o *Songun* (anos 1990)   *135*

7. *Byungjin*: defesa, economia e modernização   *169*

Conclusão   *187*

Bibliografia   *191*

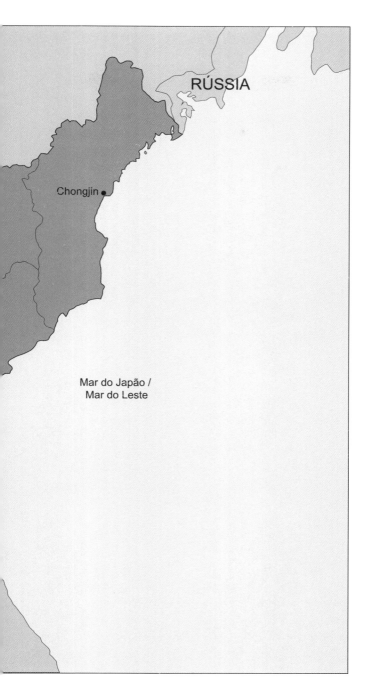

Lista de siglas e abreviaturas

AIEA   Agência Internacional de Energia Atômica
Conuc Comissão da ONU sobre a Coreia
CPs   Comitês Populares
CPPCN Comitê Popular Nacional da Coreia do Norte
DMZ   Zona Desmilitarizada
EPC   Exército Popular da Coreia
EUA   Estados Unidos da América
GPC   Governo Provisional Coreano
KEDO Organização para o Desenvolvimento de Energia da Península Coreana
ONU   Organização das Nações Unidas
OTAN Organização do Tratado do Atlântico Norte
PCC   Partido Comunista Coreano
PCCh   Partido Comunista da China
PDC   Partido Democrático Choson
PTC   Partido do Trabalho da Coreia
PTCN   Partido do Trabalho da Coreia do Norte
RdC   República da Coreia (Coreia do Sul)
RPC   República Popular da China
RPDC   República Popular Democrática da Coreia (Coreia do Norte)
TNP   Tratado de Não Proliferação Nuclear
TMD   Teatro de Mísseis de Defesa
URSS   União das Repúblicas Socialistas Soviéticas
ZEEs   Zonas Econômicas Especiais
ZIK   Zona Industrial de Kaesong

Introdução

A guerra é um professor severo.

Tucídides

*Mantenham seus pés firmemente plantados
nessa terra e observem o mundo.
Sejam a confiável espinha dorsal
da Revolução Songun, apoiados numa mente
nobre e num conhecimento profundo.*

Kim Jong Il aos universitários

A Revolução Coreana, bem como a República Popular Democrática da Coreia (RPDC, ou Coreia do Norte) dela resultante, constituem realidades quase desconhecidas e, no contexto da guerra ideológica de propaganda política, as experiências mais caricaturizadas da história (inclusive por segmentos da esquerda). No primeiro caso, isso decorre tanto da carência de informações como de desenvolvimentos inesperados de um pequeno país totalmente encravado entre grandes potências, o qual, em decorrência da Revolução Chinesa, adquiriu súbita importância estratégica. Já no caso da RPDC, o fato de haver sobrevivido à guerra de extermínio (1950-1953), o primeiro conflito que os Estados Unidos não venceram, bem como ao próprio fim da Guerra Fria, ocorre uma demonização permanente, com uma sistemática campanha de desinformação e ridicularização do país.

Estudada em profundidade e vista por dentro, a RPDC surpreende e impacta até os estudiosos ou iniciados, pois o trabalho destrutivo da mídia afeta a percepção inclusive dos mais honestos analistas. Um encarte turístico do jornal *China Daily* (Pequim) de 28 de julho de 2014 convidava o leitor: "Visite a Coreia do Norte e conheça o passado". Não tão passado, pois sua urbanidade combina prédios residenciais de estilo soviético com um futurismo arrojado, de ficção científica – arranha-céus ultramodernos e praças, monumentos e avenidas amplas, limpas e imponentes. Pyongyang é uma cidade ímpar, na época da mesmice da globalização. E o regime é mais complexo e flexível do que imagina o "moderno" jornalista autor do artigo, que ignora serem as conquistas e estruturas do "passado" (socialismo) o que está permitindo à China se tornar uma potência.

Assim, a Coreia do Norte é conhecida entre nós de forma caricatural – "parque jurássico do stalinismo" e regime fechado, à beira do colapso, dinástico e irracional, oprimindo um povo faminto enquanto gasta milhões em um projeto nuclear e em uma arquitetura megalomaníacos. Todavia, o *Estado eremita* ou *país do tranquilo amanhecer* constitui um regime socialista de matriz asiática, extremamente nacionalista, que mescla as influências do lendário imperador Jumong, de Confúcio, de Marx e Engels, de Lenin, de Stalin e do general prussiano Clausewitz com a de Kim Il Sung, o líder revolucionário. Mas suas origens remontam à resistência anticolonial e nacionalista contra o Japão, bem como às lutas sociais dos camponeses, explorados e oprimidos pelos japoneses e pela nobreza fundiária coreana (*Yangban*). Portanto, a Revolução Coreana é um fenômeno sociopolítico de toda a península e de toda a sua população, e não um processo histórico ocorrido apenas no norte.

Por razões de política internacional, a revolução social coreana se tornou um conflito mundializado e foi congelada geograficamente com a existência de dois Estados com regimes opostos. A Coreia do Norte não pode ser compreendida sem a Coreia do Sul (República da Coreia), cuja existência foi marcada, na maior parte do tempo, por regimes autoritários civis e ditaduras militares. Nem sem se levar em consideração que, apesar do Armistício de 1953, firmado em Panmunjon, o estado de guerra persiste há mais de sessenta anos, com grandes contingentes militares norte-americanos estacionados no sul, com armas nucleares. Nunca houve um tratado de paz que encerrasse a guerra e as tensões são permanentes, com recorrentes incidentes. A RPDC e alguns movimentos populares do sul constituem os elementos sobreviventes da Revolução Coreana iniciada há quase um século.

A Revolução Coreana encontra-se, ao mesmo tempo, profundamente enraizada na história nacional, caracterizada pela unidade interna (política e cultural) e pela luta por autonomia diante de poderosos vizinhos. Os diversos reinos antigos, depois unificados, e a Dinastia Choson (1392-1910) sempre praticaram uma diplomacia sutil e eficaz diante da China e do Japão e, mais tarde, da Rússia e dos Estados Unidos. Na segunda metade do século XIX, no entanto, o isolamento foi rompido, com a presença de missionários cristãos, comerciantes e militares euro-americanos, russos e japoneses. Em 1905, com a derrota russa, os japoneses estabelecem sua influência e, em 1910, anexam a península como colônia. Parte dos modernizadores e nacionalistas (muitos exilados na China e nos EUA) esperaram, inutilmente, apoio norte-americano para sua independência. As manifestações nacionais de protesto antijaponês, conhecidas como Movimento de Primeiro de Março de 1919, constituíram um divisor de águas, logo influenciado pela Revolução Soviética e pelo movimento revolucionário chinês. Para muitos, a solução não seria esperar a diplomacia wilsoniana de autodeterminação, mas a organização clandestina e a luta armada.

Um militar exilado no extremo oriente russo fundou, em junho de 1918, o primeiro e efêmero partido coreano de orientação socialista, o Hanin Sahoedang (Partido Socialista Coreano) e, em 1925, foi fundado o Partido Comunista da Coreia, duramente perseguido pelos japoneses. Os colonizadores buscavam erradicar a identidade nacional coreana, inclusive com a obrigação de adoção de nomes próprios e uso da língua japonesa, enquanto construíam uma infraestrutura moderna e indústrias para aproveitar os recursos minerais do país. Mas camponeses de várias regiões fundavam sindicatos e iniciavam ações políticas. Como no norte era possível cruzar a montanhosa fronteira com a Manchúria chinesa e estabelecer contato com as guerrilhas coreanas que atuavam na região, ali foi estabelecida uma base de operações. Nos anos 1930 os japoneses consideravam o jovem Kim Il Sung (originalmente chamado Kim Song Ju) como um dos mais perigosos líderes guerrilheiros.

As razias efetuadas pelas forças de segurança nipônicas levaram milhares de coreanos a se refugiar do outro lado da fronteira nos anos 1920. Mas, em 1931, a Manchúria foi ocupada pelo Japão e a luta armada se tornou extremamente difícil, refluindo para as montanhas mais inóspitas, onde passavam fome e frio. Muitos se refugiaram no extremo oriente da União Soviética e outros se juntaram aos guerrilheiros chineses, enquanto persistiam organizações comunistas e nacionalistas na clandestinidade mais dura dentro da Coreia. Assim, o comunismo coreano esteve física e politicamente dividido até 1945. Com a Guerra do Pacífico (1937-1945), os coreanos sofreram ainda mais os efeitos da dominação japonesa, com exploração econômica, recrutamento e emigração forçados de mão de obra, perseguição política, obrigação de servir no exército como força auxiliar e o fenômeno das Mulheres de Prazer (*Comfort Women*), obrigadas a se prostituir e acompanhar os oficiais japoneses.

A Coreia e o nordeste da China, ao longo da Guerra, se tornaram uma praça de armas e reservas militares, para os japoneses, e centros industriais, por estarem imunes aos bombardeios norte-americanos. Dessa maneira, quando o conflito chegava ao seu final, a URSS foi instada a atacar os japoneses nessa região, o que se deu em agosto de 1945, simultaneamente ao bombardeio nuclear das cidades de Hiroshima e Nagasaki. A divisão da Coreia resultou da confluência da clivagem sociopolítica interna com a partilha geográfica da península coreana entre os EUA e a URSS, na altura do Paralelo 38°. Os movimentos de resistência criaram Comitês Revolucionários por todo o país, os quais se reuniram em assembleia em Seul e proclamaram a República Popular em 6 de setembro de 1945. Dois dias depois, os norte-americanos desembarcaram e ocuparam o sul da Coreia, ao mesmo tempo que dissolviam os Comitês, efetuavam prisões em massa e traziam dos EUA Syngman Rhee para formar um governo apoiado nos notáveis que haviam colaborado com o Japão. No norte, manteve-se a República Popular, liderada pelo jovem comunista Kim Il Sung, e foi implementada uma reforma agrária que consolidou o apoio ao regime.

Em 1946 e 1947 houve protestos generalizados devidos à interdição dos Comitês Populares e, em 1948, eclodiram revoltas populares nas províncias sulistas de Yosu e Cheju Do, e vários líderes moderados pró-unificação foram assassinados, ao passo que os soviéticos retiravam-se do norte. Os sobreviventes dos protestos e das revoltas fugiram para as montanhas do sul e iniciaram ações de guerrilha em 1948, que duraram até meados dos anos 1950. Em outubro de 1949, o quadro sofre grande alteração, com a vitória dos comunistas chineses. A discussão sobre a responsabilidade pelo desencadeamento da guerra em 25 de junho de 1950 é pouco importante, porque ambos os lados desejavam a unificação pela força e, a partir de determinado momento, os EUA, a China e a URSS estavam dispostos a apoiá-la, embora sem esperar que se tornasse um conflito mundializado. Além disso, a Coreia do Sul já se encontrava em guerra civil havia quase três anos, com o governo tentando esmagar as guerrilhas e com frequentes choques armados na fronteira intercoreana. Mas a guerra se revelou uma traumática experiência, com um nível inédito de violência e destruição e de dimensão internacional, com os EUA e algumas outras nações sob a bandeira da ONU, de um lado, e os chineses, de outro. Encerrada num impasse, a divisão se perpetuou. Os coreanos, comunistas e anticomunistas, não foram peões das potências, mas os protagonistas, e Rhee não desejava aceitar o armistício.

O norte foi completamente destruído, bem como a maior parte do sul. A reconstrução, embora árdua, propiciou a implantação do socialismo na porção setentrional com relativa facilidade e permitiu a consolidação do poder do grupo de Kim Il Sung sobre as demais correntes do comunismo coreano.

Mais industrializado que o sul, embora com apenas um terço da população coreana, o norte se tornou muito mais desenvolvido até a passagem dos anos 1970 aos 1980. Extremamente militarizada, após a saída dos chineses, a RPDC desenvolveu uma hábil diplomacia para fazer frente à sua precária situação internacional e às rivalidades dos padrinhos chineses e soviéticos. Para tanto, foi introduzida uma versão coreana de socialismo (*Zuche*), que buscava autonomia e certa autossuficiência econômica, num jogo de equilíbrio bem-sucedido que se voltou para o Movimento dos Países Não Alinhados. Mas, nos anos 1980, a acelerada industrialização sul-coreana, a aliança sino-americana e, depois, a *Perestroika* de Gorbachov tornaram a situação difícil.

Os anos 1990 foram os da Marcha Penosa, com a desintegração da URSS (e o fim da ajuda econômica), a China estabelecendo o dólar como moeda para transações bilaterais, a morte do líder fundador Kim Il Sung em 1994 e uma sequência de secas e enchentes gerando fome e morte. De repente, haviam desaparecido os aliados e protetores dos norte-coreanos e 90% do comércio externo. Kim Jong Il, como estratégia de sobrevivência da nação e do regime, adotou a política do Songun, de precedência das questões militares. Afinal, na esteira da queda do socialismo na URSS, no Leste Europeu e, especialmente, do caso da reunificação da Alemanha, anunciava-se o colapso iminente do país. A defesa, mais do que nunca, virou prioridade.

Mas, durante a presidência de Clinton, nos Estados Unidos, e a ascensão de governos moderados na Coreia do Sul, houve diálogo e distensão, conhecida como *Sunshine Policy* (Política do Raio de Sol), proposta por Seul. Esse quadro mudou com a chegada de George W. Bush à Casa Branca, que pressionou o governo do sul a interromper a cooperação com Pyongyang, além de gerar nova onda de militarização, ainda que os norte-coreanos nada tivessem a ver com o terrorismo combatido pelos norte-americanos. Hoje, com um governo conservador no sul e as manobras militares dos EUA, voltou o jogo calculado do Ocidente, que produz crises militares e nucleares (último recurso de dissuasão do acuado regime do norte).

A economia da RPDC voltou a crescer há uma década (com avanços e recuos de mercados privados) e, apesar das aparências, o jovem dirigente Kim Jong Un (que assumiu em dezembro de 2011, com a morte de seu pai) tenta moderar o poder do exército (mas modernizá-lo como força de dissuasão) em relação ao do Partido (civis), e está implementando algumas melhorias na qualidade de vida da população. "Os militares devem cuidar dos temas militares e os civis dos assuntos civis", disse o novo líder (a política oficial do *Byungjin*, de prioridade da defesa e da economia). Foi enfatizada a estratégia de atingir o *status* de potência nuclear, com a bomba atômica e o desenvolvimento de mísseis e satélites, o que permitirá reduzir os custos militares. Um exército convencional defasado seria mais caro para modernizar e de pouco valeria, e assim haverá mais recursos para investir na economia.

Em apenas quatro meses Kim Jong Un conseguiu consolidar o poder (seu pai levou quatro anos). Da mesma forma que seu avô, e diferentemente de seu pai, ele se faz presente em todas as atividades e interage com a população, além de haver promovido um grande número de novos quadros e aposentado antigos. Há esforços para melhorar a vida cotidiana da população, com novos hospitais, parques de lazer, residências e modernização do ensino e aumento do consumo. Na Zona Especial de Kaesong voltam a operar *joint ventures* entre empresas estatais do norte e privadas do sul. No extremo norte foi criada a Zona de Ranjin, com um moderno porto conectado ao nordeste da China e à Rússia que abriga empresas de vários países. E cada pedaço de terra disponível é cultivado no rochoso e montanhoso país, num esforço para manter a segurança alimentar.

Ao lado das imagens onipresentes dos cultuados líderes, proliferam celulares e computadores (com *intranet* nacional), sinalizando modernização. Pessoas bem vestidas, saudáveis, disciplinadas e cordiais levam uma vida mais relaxada e segura que a nossa, apesar das tensões militares. Nas aldeias e pequenas cidades, como em todo país em desenvolvimento, a vida é menos glamorosa, mas razoável, e todos têm trabalho e acesso à educação e à saúde. Há esperança no atual processo de renovação e uma vontade de superar o isolamento, que é mais imposto de fora para dentro, obrigando-os a uma resposta equivalente por razões de segurança. Mas na impossibilidade de avançar pela via militar e pelas sanções econômicas (a China segue comerciando e investindo), o Ocidente busca introduzir a agenda dos Direitos Humanos como instrumento para novas pressões internacionais.

Algo que chama a atenção é o culto à personalidade dos dirigentes e a existência do que o conceituado coreanista norte-americano Bruce Cumings denominou de *monarquia confuciana*. Alguns críticos ressaltam com hipocrisia essa questão, pois ao mesmo tempo admiram monarquias europeias por gerarem estabilidade política e "absolvem" filhos e esposas de políticos que galgam cargos políticos em tantos países, como no Brasil. É importante ressaltar que o sistema político norte-coreano é republicano e bastante complexo, havendo limites ao poder do dirigente e certo grau de liderança coletiva e participação popular. Por outro lado, a situação de tensão militar externa reforça os elementos para a identificação da nação com uma pessoa, cuja liderança de continuidade também é fundamental para evitar crises sucessórias que, no caso da RPDC, seriam, certamente, fatais.

A liderança quase sacralizada representa mais um símbolo de unidade nacional do que o poder em si mesmo. O povo norte-coreano e sua liderança expressam orgulho por suas realizações e não se dobram sequer à China, cujos interesses são oscilantes. A ideologia *Zuche*, de autossuficiência, representa uma política de autopreservação que não pretende ser imposta a outras nações, apesar da grande cooperação existente com dezenas de Estados em desenvolvimento.

A dimensão coletiva na sociedade supera qualquer noção individualista, não havendo indícios de que a população não apoie o regime, que goza de legitimidade. Há tentativas cuidadosas de mudanças, mas a adoção de reformas (via chinesa) é improvável, dadas as condições do país. Procura-se uma modernização própria, que deve ser acompanhada da aceitação internacional e, especialmente, do estabelecimento de relações diplomáticas e econômicas com os EUA (com um acordo de paz) e a garantia de respeito ao regime. Objetivos que não seriam alcançados com a desnuclearização unilateral. Mas velhos e conhecidos problemas persistem e a RPDC segue sendo uma sociedade tipicamente asiática e socialista, difícil de compreender pelo Ocidente. Se Cuba, segundo Fernando Morais, é "uma ilha cercada de amigos e inimigos por todos os lados", a RPDC é uma nação isolada por inimigos, ignorância e preconceitos (inclusive da esquerda).

***

Paulo Fagundes Visentini e Analúcia Danilevicz Pereira, durante a preparação dessa obra, participaram, em julho de 2014, de Missão de Estudo à República Popular Democrática da Coreia, como parte de uma delegação brasileira. Helena Hoppen Melchionna defendeu uma dissertação de mestrado no Programa de Pós-Graduação em Estudos Estratégicos Internacionais da UFRGS sobre *As relações entre a Coreia do Norte e a República Popular da China*, sob a orientação do professor Paulo Fagundes Visentini. Sua contribuição neste livro se baseia em partes do texto da dissertação, defendida antes de seu ingresso no Itamaraty, a qual expressa sua opinião estritamente acadêmica e não tem qualquer relação com o Ministério das Relações Exteriores ou posição oficial do Brasil.

***

Agradecemos o apoio da Embaixada do Brasil na RPDC, em particular ao competente e erudito embaixador Roberto Colin. Da mesma forma, somos gratos ao Departamento de Relações Internacionais do Partido do Trabalho da Coreia pela cordial acolhida à delegação brasileira na maratona de visitas a Pyongyang e mais três regiões do país. Paulo Visentini agradece ao CNPq pela Bolsa de Produtividade em Pesquisa e Helena Melchionna agradece à Capes pela Bolsa de Mestrado junto ao PPGEEI/UFRGS.

Porto Alegre, outubro de 2014.

1. Nacionalismo, comunismo e as origens da Revolução Coreana

Uma pequena península entre grandes impérios

A Coreia constitui a única nação do mundo completamente encravada entre grandes potências (China, Rússia e Japão, além dos EUA, presentes na Coreia do Sul há setenta anos). Trata-se de uma península estreita, com cerca de 200 km de largura (leste-oeste) por 1 mil km de extensão (norte-sul) e uma superfície total de 219,7 mil km² (um pouco menor que Roraima). A oeste há o Mar Amarelo e a leste o Mar do Japão, ou mares do Oeste e do Leste da Coreia. O país é montanhoso e rochoso, especialmente na região setentrional, onde há recursos minerais consideráveis. A República Popular Democrática da Coreia (RPDC), ao norte, tem uma superfície de 120.540 km² (menos da metade de São Paulo) e uma população de pouco mais de 23 milhões de habitantes. A República da Coreia (RdC), ao sul, abarca 99.260 km² (pouco maior que Santa Catarina), com uma população de aproximadamente 50 milhões de habitantes. Com o dobro de habitantes, seu território é muito mais apto à agricultura do que o do norte.

A população coreana é extremamente homogênea em termos étnicos e linguísticos (com alfabeto diferente dos ideogramas chinês e japonês) e com notável continuidade histórica. Especialmente no norte, a geografia forjou uma cultura de povo montanhês, com fortes traços sociais asiático-confucianos de comportamento, sendo que a persistência das tradições e o nacionalismo são características marcantes. Muito da personalidade norte-coreana deve ser buscada nas poderosas raízes históricas da nação, e não apenas no socialismo. A Revolução

A Coreia monárquica, do isolamento à abertura forçada

A península coreana passou por períodos de divisão e unificação ao longo de sua história. Desde a era do bronze, havia uma série de Cidades-Estados amuralhadas e, com a fusão dessas, reinos se formaram na península, os quais sempre compartilharam fortes laços políticos, econômicos e culturais. Bruce Cumings (1997) ressalta que a Coreia jamais foi "sinizada", mas que, pelo contrário, teria "coreanizado" as influências chinesas, tal como o confucionismo. Não obstante, é inegável que a China foi historicamente o país que mais exerceu influência sobre a península desde seus primórdios. Essa ascendência tradicional, ainda que variada em grau e forma ao longo dos anos, é central para explicar a Coreia do Norte atual e as relações entre ambos os Estados.

A origem da nação coreana remonta ao antigo reino de Choson (nome utilizado pela Coreia do Norte até hoje), com capital próxima a Pyongyang. Tendo prosperado consideravelmente, esse reino chegou inclusive a se expandir em direção ao nordeste do atual território chinês, onde foi barrado pelo reino Yen, e depois conquistado pela dinastia chinesa Han, do Império Qin, por volta de 108 a.C. Os primeiros contatos entre a China e a península datam dessa época.

Após um breve período de dominação chinesa (dinastia Han), nos três primeiros séculos da era cristã, formaram-se três grandes reinos na península: Koguryo (norte), Paekche (sudoeste) e Silla (sudeste). Conforme Lee (1984), a Coreia do Norte refere seu legado histórico ao reino Koguryo, tendo em vista a base geográfica deste, que ia de Vladivostok (Rússia) ao Paralelo 38º. O país considera como parte central de seu mito fundador o Monte Paektu – referência inicial do reino Koguryo –, onde teria nascido Kim Jong Il. Kim Il Sung se dizia herdeiro direto do fundador de Koguryo, o lendário semideus Jumong.

Koguryo estava localizado na conflituosa zona de fronteira com a China e com as tribos nômades do norte e era, assim, o reino de mais fortes tradições militares. Além disso, o confucionismo foi difundido na península justamente nesse período, e, dentre os três, Koguryo era o reino onde essa filosofia foi adotada de forma mais intensa. Junto ao confucionismo, outras importantes influências vieram da China, como a escrita, o sistema de governo e o budismo.

A primeira unificação da península ocorreu em 668 d.C., quando Koguryo e Paekche foram derrotados pelo Silla, graças a uma aliança desse reino com a dinastia Tang da China, a qual teve grande influência sobre a Coreia unificada. No entanto, apesar de haver desenvolvido uma próspera e avançada civilização, com alto nível de desenvolvimento técnico para a época, Silla começou a desintegrar-se no século IX. Seguiu-se um período de disputas internas e caos, do qual emergiu a dinastia Koryo para reunificar a península em 918. Segundo Nahm (1996), é nesse período que começaram a se formar muitas das instituições sociais, econômicas e políticas que sobreviveriam até a primeira metade do século XX, dando suporte ao imperialismo japonês, e que seriam alvo central das críticas de marxistas quando estes chegam ao poder no norte da península. O desenvolvimento dessa dinastia, portanto, explica as condições sociais existentes que permitiram uma revolução socialista.

Com sua capital em Kaesong, a dinastia Koryo era dominada por uma estrutura sociopolítica que Cumings (1997) denomina de "burocracia agrária" ou aristocracia *yangban*, por haver poderosa fusão entre a aristocracia agrária e a burocracia confuciana. Concentrando em suas mãos praticamente todo o poder político e econômico, à custa de um campesinato explorado, essa aristocracia manteve sua condição social hegemônica no norte, em grande medida, até a reforma agrária promovida pelos comunistas em meados do século XX. Nota-se, nesse sentido, que o sistema político de Koryo assemelhava-se ao chinês, por sua configuração centralizada de poder e por sua filosofia confuciana de administração. Porém, havia poderes locais mais fortes do que na potência vizinha. Além disso, Koryo também mantinha bons contatos com a dinastia Song (960-1260) da China, havendo intenso comércio entre as elites dos dois Estados.

A queda de Koryo teve início com a invasão dos mongóis, em 1254, e sua posterior derrota pela dinastia Ming (1368-1644) da China, a qual passou a reclamar sua ascendência sobre todos os antigos domínios mongóis na península. Nesse contexto, foi fundada a dinastia Choson (1392-1910), a mais longa e marcante da história da Coreia. Com base no neoconfucionismo – filosofia que prevalece até hoje –, estabeleceu-se uma sociedade patriarcal e hierárquica, a partir das concepções de reverência paterna e o respeito formal aos mais velhos e ao rei. Esses valores são atualmente bastante utilizados como um dos elementos legitimadores do regime norte-coreano, bem como da sucessão hereditária dos Kim. Contando com o equilíbrio de poder entre a monarquia e a aristocracia *yangban*, esse sistema possibilitou a manutenção da estabilidade por mais de quinhentos anos (Lee, 1984).

Além disso, as doutrinas confucianas não se limitaram aos assuntos internos da Coreia e inspiram também a sua política externa com o conceito de "seguir o grande", isto é, buscar aliança com o país maior e mais desenvolvido – outra concepção que ainda pode ser verificada no comportamento atual da política externa norte-coreana, mesmo que de forma adaptada à realidade contemporânea. Amparada nesse conceito neoconfuciano, a dinastia Chonson aliou-se à poderosa dinastia Ming, tornando-se Estado tributário da China, e vivendo dentro de sua ordem regional. Isso não significa, porém, que a China tivesse ingerência interna sobre a Coreia ou que a península fosse explorada economicamente pelo império chinês. Na verdade, os tributos pagos eram, em grande parte, simbólicos e exprimiam a relação de aliança que existia entre os dois vizinhos, bem como um reconhecimento tácito, por parte dos reinos coreanos, da superioridade da China. Essa aliança era cultivada constantemente pela Coreia, pois esta temia os japoneses, os manchus e os mongóis, povos que, com frequência, ameaçavam a estabilidade da península.

A dinastia Qing – que substituiu a Ming, na China, em fins do século XVI – manteve a Coreia como Estado tributário chinês, mas era mais hostilizada pelos coreanos, que viam os manchus como "bárbaros do norte", em contraste com os Ming, que representavam a civilização. A China, apesar de reconhecidamente superior, continuava sem interferir na política interna ou externa da Coreia, exercendo uma influência limitada sobre o país, o qual, por sua vez, simultaneamente, mantinha sua autonomia nacional e venerava a superioridade civilizacional do vizinho. No século XV, o rei Sejong, o Grande, ordenou a criação de um alfabeto coreano próprio, o *Hangeul*, que possui dez vogais e catorze consoantes, com ênfase mais fonética que os ideogramas. A criação do alfabeto era tanto uma forma de facilitar seu aprendizado por um maior número de pessoas, fortalecendo as bases para o desenvolvimento de uma cultura nacional, como servia para se diferenciar da China e do Japão, que utilizavam ideogramas.

Porém, com exceção das relações com a China, a Coreia vinha adotando uma política de isolamento desde as invasões mongóis do século XIII e fechou-se definitivamente após as invasões japonesas do século XVI. No século XIX, portanto, quando da chegada dos ocidentais às costas do Japão e da Coreia, a península era fortemente hostil aos estrangeiros e vivia a rápida decadência política da dinastia Chonson, combinada a uma conjuntura de más colheitas e rebeliões camponesas. A situação foi temporariamente solucionada quando foi controlada pelo regente Taewon'gun (1866-1873), o qual procurou centralizar o poder e reduzir os privilégios dos *yangban*, bem como aumentar o isolamento da Coreia. Isso permitiu retardar, até certo ponto, o avanço do imperialismo ocidental.

A abertura forçada, no entanto, foi imposta em 1876, quando o Japão – que vinha se modernizando ao estilo ocidental com a Revolução Meiji – ocupou a ilha Kanghwa, impondo os Tratados Desiguais de 1876. Foi concedido aos japoneses o direito de abrir cinco portos coreanos, de fiscalizar suas águas, de conduzir negócios e comércio sem interferências e de proteger seus comerciantes através de privilégios de extraterritorialidade. Um desses tratados reconhecia a Coreia como um Estado "autônomo", algo extremamente emblemático, pois implicava o desligamento da península como Estado tributário da China. Nesse sentido, Cumings (1997, p.105) ressalta: "O sistema tributário sino-coreano era de hierarquia inconsequente e de independência real, se não de equidade. Não obstante, o sistema ocidental com o qual a Coreia se deparou era de igualdade fictícia e de subordinação real". Assim, a situação era mais difícil para a Coreia, e o Japão, nação historicamente rival e que agora não estava mais em condição de igualdade, pôde se tornar o primeiro país a forçá-la à abertura, em nome de uma doutrina que era absolutamente exógena à região.

A partir de então, a consolidação do imperialismo japonês na península era apenas questão de tempo. Ao longo dos anos 1880, ocorreu a ascensão do movimento Tonghak (Estudos Orientais), com perigosas revoltas populares que protestavam contra a fome generalizada, decorrente da exportação de grandes quantidades de arroz para o Japão – como obrigava os Tratados de 1876. Sem sucesso em sufocar a rebelião e com os rebeldes tendo avançado até a capital, o rei Kojong pediu ajuda à China, que socorreu a península, seguida de perto pelos japoneses. Assim, em 1894, a rebelião foi sufocada, mas a Coreia encontrava-se ocupada por forças chinesas e japonesas. O rei pediu que as tropas se retirassem, mas um Japão fortalecido tomou o palácio real, provocando a Primeira Guerra Sino-Japonesa. Com a derrota da China, os japoneses lograram impor-se definitivamente sobre os camponeses, forçando a abertura de todos os portos da costa sudoeste coreana e promovendo o aumento das exportações de arroz. A antiga relação sino-coreana foi interrompida por meio século, período em que a península teve de submeter-se ao imperialismo japonês.

Encerrava-se, assim, o período de autonomia da Coreia, durante o qual suas instituições e seu modo de vida haviam sido fundamentados nas influências recebidas da China e na proteção recebida do "irmão maior" – uma vez que, predominantemente, esse país era visto mais como aliado do que como ameaça. Percebe-se, pela análise da história antiga da Coreia, que a influência chinesa fora fundamental em pelo menos duas esferas: (a) a criação de instituições sociopolíticas próprias, cujos principais legados foram a ideologia neoconfuciana e a formação da elite *yangban*; e (b) a aliança contra outros povos da região que representavam elementos de desestabilização para as dinastias coreanas, como os japoneses e os mongóis. Esse padrão, ou seja, a China como referência e como aliada, apesar de algumas fases de distanciamento relacionadas a questões conjunturais, foi importante para o norte da península ao longo de toda a sua história. Mas tanto a dinastia Choson como os antigos reinos sempre praticaram uma hábil diplomacia que buscava autonomia frente aos grandes, mesmo que aliados, um padrão que persiste até hoje na RPDC.

Nacionalismo e comunismo nas origens da Revolução Coreana

O colonialismo japonês na Coreia foi controverso, pois pode ser visto tanto como elemento modernizador e desenvolvimentista, como também um sistema brutal e repressor. Na verdade, trata-se de uma contradição dialética, porque foi ambas as coisas e, como em todos os casos de colonialismo, a modernização é estruturada em benefício da metrópole. Por um lado, os grandes conglomerados industriais japoneses (*zaibatsu*) construíam vias férreas, portos e fábricas modernas; por outro, estabeleciam um sistema legalizado de discriminação racial contra os coreanos, tornando-os cidadãos de segunda classe em seu próprio país. Trata-se de um caso excepcional, pois, por causa da estrutura da economia japonesa, da proximidade geográfica e dos problemas da guerra, houve expressiva industrialização da colônia que o Japão pretendia assimilar (ou "niponizar"). Daí a importância da colonização japonesa para a ascensão do comunismo na península, para a modernização da economia e para o nacionalismo.

A análise dos impactos do imperialismo japonês sobre a população coreana é fundamental para entender como a ideologia marxista penetrou e se enraizou na região e como ela foi influenciada pelo movimento comunista e guerrilheiro que se iniciava, simultaneamente, na China. Além disso, esse período permite entender como se formaram as condições socioeconômicas propícias à via socialista, bem como a origem das particularidades nacionalistas do regime marxista que será fundado sob a liderança de Kim Il Sung com a ajuda da URSS.

A colonização japonesa só foi efetivamente imposta após a vitória na guerra contra a Rússia, em 1905, tendo em vista que a península coreana também chegou a ser disputada entre as duas potências durante a década de 1890. A primeira medida, nesse sentido, foi o estabelecimento de um protetorado que passou a controlar a diplomacia coreana, bem como dissolver seu antigo exército, substituindo-o pela polícia japonesa. Os coreanos tentaram resistir com os chamados "exércitos da virtude" (*uibyongs*) – formados por ex-militares, com a ajuda de intelectuais – e com o próprio rei Kojong procurando obter apoio internacional, enviando emissários às Convenções de Paz de Haia. Não obstante, os japoneses derrotaram esses esforços, diante da omissão das demais potências imperialistas. Kojong foi forçado a abdicar, em nome de seu filho Sunjong, deficiente mental, o qual, logo em seguida, deixou o trono em favor dos japoneses. Assim, em agosto de 1910, o Japão impôs o Tratado de Anexação à Coreia, acabando formalmente com sua independência.

Os nipônicos mantiveram um firme controle sobre a península, de 1910 a 1945, exercendo um colonialismo organizado com um Estado forte e centralizado – nos moldes do que fora feito no próprio Japão, durante a Restauração Meiji –, o qual intervinha na economia, criando mercados e indústrias, enquanto reprimia violentamente a oposição. Apesar do autoritarismo e da violência social, em termos econômicos, houve crescimento significativo, por vezes até maior do que o do próprio Japão, ainda que desigualmente distribuído. A produção agrícola expandiu-se substancialmente na década de 1920, graças a técnicas de irrigação implementadas pelos colonizadores, que visavam ao incremento da produção de arroz. Seguiu-se uma industrialização protegida nos anos 1930, voltada sobretudo para a indústria pesada no norte, cujo objetivo era fornecer bens de capital para a indústria de defesa japonesa no esforço de guerra contra a China. A parcela representada pela indústria na produção total da Coreia cresceu, aproximadamente, de 17%, em 1925, para 39%, em 1939. Destacam-se, em particular, o notável crescimento das indústrias química, metalúrgica e de máquinas/ferramentas, as quais, em conjunto, representavam cerca de 47% de toda a produção industrial da Coreia em 1939.

Esse desenvolvimento econômico, no entanto, tinha como destino final a metrópole e trazia escassos benefícios para a população coreana. Para ilustrar essa situação, cabe lembrar que, graças à modernização promovida pelos japoneses, a produção de arroz norte-coreano aumentou em quase 40% entre 1912 e 1936; porém, no mesmo período, a quantidade de arroz consumida por coreanos diminuiu consideravelmente, de cerca de 70% para cerca de 40%. O resto da colheita era exportado compulsoriamente para o Japão, o que gerava aguda escassez alimentar na Coreia.

Schwekendiek (2011, p.36) ressalva que o papel desempenhado pela herança industrial e de infraestrutura deixada pelo Japão para o desenvolvimento econômico posterior da Coreia não deve ser superestimado:

> A economia coreana fora otimizada para a exploração colonial, e não para a eficiência econômica ou para aumentar o nível de vida da população, ambas as Coreias tiveram de enfrentar grandes problemas sistêmicos após a liberação. Centros industriais foram frequentemente construídos perto de portos para facilitar o escoamento da produção para o Japão (...). Além disso, a economia coreana era dependente do Japão para o processamento final dos produtos.

Ademais, mesmo com a anexação, o Japão não destruiu a elite proprietária de terras *yangban*, reconhecendo as vantagens de utilizar sua legitimidade aristocrática para disciplinar os camponeses e, assim, garantir a exportação de arroz. Dessa forma, os *yangban* apenas perderam o poder político, na medida em que seus funcionários foram substituídos por uma elite burocrática japonesa, mas mantiveram parte de seu *status* socioeconômico. O novo sistema de registro de terras solidificava o direito de propriedade dessa elite e despojava os camponeses analfabetos, que não possuíam condições de realizar qualquer registro de seus direitos tradicionais, ainda que limitados, sobre a terra. Isso contribuiu para que, em 1945, os *yangban* fossem fortemente hostilizados pela maioria da população, sendo considerados colaboracionistas dos japoneses. Os sentimentos de massa anti*yangban* e antijaponês emergiam interligados ao forte ressurgimento do nacionalismo coreano, traduzindo-se em forças sociais relevantes para explicar o porquê de a ideologia marxista ganhar força na península, sobretudo quando se associava ao ideário anti-imperialista.

Os primeiros movimentos independentistas eclodiram em 1919, sob a influência do discurso do presidente norte-americano Woodrow Wilson, que pregava a autodeterminação dos povos. Ainda que as manifestações pró-independência, conhecidas como Movimento de Primeiro de Março, tenham sido duramente reprimidas, o Japão, pressionado internacionalmente, acabou lançando a "política cultural" (*bunka seiji*),[1] e flexibilizou relativamente o autoritarismo, de modo a preparar gradualmente

---

[1] A "política cultural" ou "administração iluminada" que o Japão implementou na Coreia, em 1919, previa medidas liberalizantes na colônia: extinguia o requisito de que o governador-geral da Coreia fosse, obrigatoriamente, um militar, permitindo a nomeação de um governo civil; desmilitarizava o aparato policial coreano; expandia o sistema educacional disponível para os coreanos; e relaxava o controle metropolitano sobre a imprensa, permitindo a publicação de jornais de proprietários coreanos. No entanto, questiona-se até que ponto essas medidas teriam realmente sido implementadas pela administração colonial na prática (Lee, 1984).

os coreanos para uma hipotética e longínqua independência. Conforme explica Cumings (1997, p.170):

> A nova política inaugurou um período de resistência "gradual" ao colonialismo, no qual os coreanos aproveitaram o relaxamento das restrições a sua liberdade de opinião e de reunião para organizar uma variedade de grupos nacionalistas, socialistas e comunistas, alguns abertamente e outros de modo clandestino.

Nessa fase, houve certa polarização político-ideológica entre os movimentos de independência que emergiam no país e passaram a disputar adeptos. Os liberais nacionalistas eram favorecidos por sua associação com os ideais de autodeterminação dos Quatorze Pontos do presidente Wilson, mas tinham sua ação limitada por sua estreita base social dentro da Coreia e pela falta de interesse dos EUA na independência coreana. Já os socialistas – que não deixavam de ser também nacionalistas em sua vontade de expulsar os japoneses – tinham a desvantagem de sofrer forte perseguição da polícia japonesa e a vantagem de uma base popular potencialmente ampla. Armstrong (2003, p.13) nota que essa polarização também se estruturou do ponto de vista geográfico, sendo o norte da península mais radical (e favorável ao comunismo) do que o sul, por ser historicamente marginalizado dentro do sistema socioeconômico coreano:

> A parte Norte da península foi uma parte marginalizada econômica e politicamente por séculos. Economicamente, por causa de seu terreno irregular e de sua curta temporada de cultivo, o norte montanhoso desempenhava um papel muito menor na produção agrícola coreana do que as planícies do sul da Coreia, especialmente se comparado ao "cinturão de arroz" da região de Cholla no sudoeste. Politicamente, os residentes das províncias setentrionais (Pyong'an e Hamgyong) foram virtualmente excluídos de altos cargos na burocracia estatal durante a maior parte da dinastia Choson.

Em última instância, por conta de sua própria disciplina, da desintegração dos demais grupos nacionalistas e da influência do Partido Comunista da China (PCCh) e da URSS, foram os comunistas que lograram orientar o movimento de resistência coreano. Eles estabeleceram um núcleo profundo de influência comunista sobre o povo, sobretudo estudantes e camponeses.

É digno de nota o fato de que a polarização política que ocorria na Coreia, nesse momento, era bastante semelhante ao que ocorria em paralelo na China. Concomitantemente à turbulência que vivia a Coreia sob a opressão japonesa, a China passara por uma revolução, em 1911-1912, conduzida por Sun Yat Sen, que havia derrubado o império, iniciando uma fase de grande instabilidade no país. Em 1912, Sun Yat Sen e Chiang Kai Shek criaram o Kuomitang, o partido nacionalista chinês; em 1921, Mao Tsé-tung criou o Partido Comunista da China (PCCh). Esses partidos governaram a China com base em uma frágil aliança até 1925, quando, por ocasião da morte de Sun Yat Sen e da derrota do inimigo comum, os "senhores da guerra", a aliança foi rompida, fato que levou à guerra civil em 1927.

Do mesmo modo que os nacionalistas chineses tinham forte influência sobre os nacionalistas coreanos, os comunistas chineses estavam fortemente vinculados à introdução e à propagação das ideologias marxistas na península. Assim, em 1925, o Partido Comunista Coreano (PCC)[2] foi fundado por Pak Hon Yong e, na mesma época, os nacionalistas fundaram o Governo Provisório da Coreia (GPC), em Xangai, o qual incluía, entre seus membros, o futuro presidente da Coreia do Sul, Syngman Rhee.

Apesar da inexistência de relações formais entre a China (que vivia conturbada transição política) e a Coreia (colonizada pelo Japão), as relações interpessoais e, sobretudo, entre as elites ideológicas chinesa e coreana ainda eram bastante fortes nesse período. Assim, mesmo que de forma indireta, a China

---

[2] Sofrendo forte repressão por parte dos japoneses, o PCC foi dissolvido definitivamente em 1928, mas os comunistas permaneceram na clandestinidade ou no exílio, na China ou na URSS.

continuava influenciando a península coreana em termos políticos e ideológicos, bem como auxiliava os coreanos contra os japoneses. Os padrões identificados nas relações entre a China e a Coreia do Norte no período pré-colonial, de influência sociopolítica e de aliança contra inimigos em comum, portanto, prosseguiram no período do colonialismo japonês, de maneira indireta e informal.

Além disso, na década de 1920, a "política cultural" relaxou o controle japonês sobre a economia coreana, abrindo oportunidades para o desenvolvimento da península. No mesmo período, o Japão começou a promover uma nova estratégia industrial nacional, o chamado "desenvolvimento orientado pelas exportações", que tinha por base o crédito estatal barato e a formação dos *zaibatsus*.[3] A inserção da Coreia nesse modelo de desenvolvimento, ainda que subjugada aos interesses japoneses, foi importante para a criação da base industrial do país, apesar da destruição posterior causada pela guerra entre o norte e o sul.

Os japoneses estabeleceram uma divisão de trabalho regional que impactou fortemente no desenvolvimento das duas Coreias, quando foram divididas pelo Paralelo 38°. O norte concentrava a indústria pesada e as atividades de mineração, enquanto o sul produzia os alimentos (65% em 1945) e os bens de consumo (sobretudo têxteis). Essa divisão do trabalho era fruto das diferenças geográficas e da disposição de recursos naturais no território coreano: a porção setentrional era, predominantemente, uma zona de montanhas, rica em recursos minerais e com grande potencial hidrelétrico, mas com apenas 16% de terras férteis; na região meridional predominavam planícies, com grande quantidade de terras férteis e uma população duas vezes maior.

Por fim, o desenvolvimento coreano também passou a ser impulsionado pela construção de uma rede de transportes marítimos, rodoviários e, sobretudo, ferroviários, que promo-

---

[3] Grandes conglomerados industriais financiados pelo Estado e que dominaram o crescimento industrial japonês a partir dos anos 1920.

veram integração e aceleraram a comercialização dos produtos agrícolas, rompendo de vez com o isolamento tradicional da península. Nesse sentido, Cumings (1997, p.182) afirma que,

> em 1945, a Coreia tinha uma infraestrutura de transportes e comunicações muito mais desenvolvida que qualquer outro país da Ásia Oriental, exceto o Japão; isso separa a Coreia da China e do Vietnã, e nos ajuda a explicar o diferente destino dos movimentos políticos rurais na Coreia pós-guerra.

A industrialização da Coreia foi ainda mais favorecida na década de 1930, quando o Japão passou a utilizar políticas keynesianas para sair da depressão econômica, incentivando o desenvolvimento coreano. Segundo Cumings (1997, p.182):

> A Coreia era um "paraíso capitalista", com impostos comerciais mínimos e escassa regulação sobre as condições de trabalho e as práticas comerciais. Os *zaibatsus*, portanto, tiveram o melhor tratamento de todos; Mitsubishi, Mitsui, Nissan e Sumitomo estiveram fortemente envolvidos na Coreia nesse período, chegando a serem mais importantes que as companhias estatais em 1940.

A Guerra da Ásia e seu impacto na Revolução

A invasão da Manchúria pelo Japão, em 1931, e sua anexação representaram novas oportunidades para os coreanos, que passaram a ter grande presença populacional[4] e, inclusive,

---

[4] Por causa de um declínio geral do padrão de vida, no norte da península, desde fins do século XIX, houve forte migração de camponeses pobres de Hamgyong para a Manchúria, que era vista como uma terra de oportunidades. Assim, entre 1920 e 1931, subiu de 400 mil para 900 mil o número de coreanos na Manchúria. Após a criação de Manchukuo, em 1932, os japoneses passaram a incentivar ainda mais o fluxo coreano para a região, com o número de imigrantes atingindo 2 milhões em 1945. Além de camponeses, havia também muitos exilados políticos e guerrilheiros nacionalistas antijaponeses (Armstrong, 2003, p.23).

empresarial na região. Contudo, a ocupação da Manchúria pelos japoneses também abriu espaço para o surgimento de uma guerrilha conjunta, de chineses e coreanos, contra a potência imperialista. A China, fragilizada pela Guerra Civil, teve de enfrentar ainda um violento conflito com os japoneses que durou até 1945. Assim, novamente os chineses e coreanos tinham uma causa comum contra os japoneses, ajudando a fortalecer os laços de solidariedade entre os dois povos. Nesse sentido, Armstrong (2003, p.21) afirma:

> A fronteira entre a Coreia e a Manchúria era extremamente porosa e, em muitos sentidos, a comunidade coreana em Jiandao era simplesmente uma extensão da própria Coreia; as atividades antijaponesas no sudeste da Manchúria e do nordeste da Coreia estiveram intimamente ligadas até o fim dos anos 1930.

Muitos dos coreanos que lutaram ao lado dos chineses contra os japoneses acabaram aderindo à causa comunista e lutaram ao lado de Mao Tse-tung quando da retomada da guerra civil após 1945.

Após o ataque a Pearl Harbor, o Japão mobilizou sua Esfera de Coprosperidade Asiática, promovendo uma mobilização maciça de trabalhadores na Coreia para enviá-los à metrópole, ao norte da península, à Manchúria e ao Pacífico Sul. A seleção dos coreanos era feita pela polícia local (da península) e 3.245 "organizações juvenis" de extrema direita e pró-nipônicas (que também serão ativas na Guerra da Coreia). Dois milhões e meio de trabalhadores foram enviados, numa experiência traumática, mas também muito pedagógica, pois quando os sobreviventes retornaram, em 1945, ficaram ressentidos com os que os enviaram, mas traziam novas ideologias e a noção de um mundo maior do que sua aldeia. Viriam a ter notável importância na Revolução.

É nesse contexto que Kim Il Sung começou a se destacar como uma importante liderança do movimento. A real importância dele no movimento de guerrilha nacionalista antijaponesa é enfatizada pela historiografia norte-coreana, bem como contestada pela historiografia dos seus adversários, sobretudo na Coreia do Sul. A dificuldade em determinar seu papel no movimento antijaponês está ligada à carência de documentação acerca do líder antes de 1945. Porém, reunindo as evidências encontradas nos arquivos da polícia japonesa e do PCCh, Armstrong (2003, p.27) afirma:

> A evidência disponível atualmente mostra claramente que Kim desempenhou um papel importante na resistência armada antijaponesa na Manchúria, tornando-se, até o fim dos anos 1930, uma das principais figuras dentre os guerrilheiros coreanos e chineses (...). Parcialmente por causa da proeminência de Kim no movimento de guerrilha, foi seu grupo que, em última instância, ascendeu ao poder na Coreia do Norte.

Conforme Cumings (1997, p.175), esses eventos são fundamentais para o entendimento da Coreia do Norte hoje em dia:

> A resistência aos japoneses é a principal doutrina legitimadora da RPDC; os coreanos associam a origem do exército, a liderança e a sua ideologia a esse momento fundador. Atualmente, a liderança principal norte-coreana ainda inclui líderes que lutaram contra os japoneses na Manchúria.

Nesse sentido, a guerrilha na Manchúria foi importante para a formação da elite norte-coreana:

> Embora a liderança da Coreia do Norte incluísse pessoas com históricos geográficos diversos (...), em última instância, foi o grupo associado com Kim Il Sung e com a luta antijaponesa na Manchúria que veio a dominar a política norte-coreana. Assim, a visão do socialismo formada durante o exílio, na Manchúria, influenciou profundamente o desenvolvimento do Estado norte-coreano. (Cumings, 1997, p.175)

Não obstante, apesar da intensa cooperação entre os guerrilheiros coreanos e os líderes chineses, os primeiros não estavam sob o comando efetivo nem da China nem da URSS, tendo como principal objetivo a libertação da península. Os guerrilheiros conseguiram atacar a polícia local, infligindo perdas consideráveis às autoridades entre 1937 e 1939, quando teve início as grandes campanhas japonesas de contrainsurgência. Paralelamente às guerrilhas, também houve a criação das Uniões Camponesas Vermelhas (*Choksaek nongmin chohap*), nas províncias nordestinas de Hamgyong do norte e do sul. Essas uniões consistiam em organizações camponesas locais que tinham como lemas a "democracia proletária" e a "frente de unidade contra os japoneses".

A importância do imperialismo japonês para a ascensão do comunismo na península e, em última instância, para a formação da Coreia do Norte atual pode ser esquematizada, portanto, em quatro esferas: (1) emergência do nacionalismo coreano; (2) aumento da pobreza no campo; (3) instalação das bases industriais na península; (4) interação política e ideológica dos movimentos de libertação com a China.

Com relação à primeira esfera, a formação do nacionalismo coreano contribuiu grandemente para o avanço do comunismo durante o domínio japonês, sobretudo porque o próprio Kim Il Sung foi visto como um herói nacional na luta contra os japoneses. Nesse sentido, sua própria legitimidade esteve, a princípio, mais atrelada ao seu carisma nacionalista do que ao projeto socialista. O nacionalismo foi mantido e consolidado, mesmo à revelia das tentativas japonesas de suprimir a identidade nacional com uma rígida "política de assimilação" estabelecida a partir de 1937, cujo *slogan* era "o Japão e a Coreia são uma única entidade" (*Nai-Sem Ittai*) e obrigava os coreanos a adotarem a língua japonesa, bem como suas tradições religiosas e culturais. Efetivamente, esse tipo de imposição cultural intransigente apenas serviu para inflamar ainda mais o sentido de nacionalidade na península.

Também há uma forte relação entre o nacionalismo antijaponês e o comunismo coreano, tanto por seus aspectos bem-sucedidos no que tange ao desenvolvimento econômico e social, como a independência em relação a outras potências. Nessa perspectiva, Armstrong (2003, p.2) afirma que

> o que era atrativo para os nacionalistas radicais era o modelo soviético de industrialização independente bem-sucedida, combinado a uma distribuição mais justa e equitativa dos benefícios econômicos – uma modernidade controlada, racionalmente planejada, anticapitalista e anticolonial.

A pobreza no campo na Coreia do Norte também estava ligada à ênfase do colonialismo japonês no estabelecimento de indústrias siderúrgicas e atividades relacionadas à mineração na região setentrional, que foi importante para a instauração do comunismo, segundo Schwekendiek (2011), por duas razões. Em primeiro lugar, os *yangbans* do norte foram bastante enfraquecidos com a decadência de seu sistema produtivo, tendo maior dificuldade para resistir à ideologia. Em segundo lugar, os camponeses, empobrecidos e explorados pelos *yangban* e pelos japoneses, foram facilmente atraídos pelo discurso de Kim Il Sung, quando de sua ascensão, fornecendo-lhe base de apoio.

As regiões coreanas mais influenciadas pelo comunismo foram as províncias de Hamgyong do Sul e do Norte, no noroeste da península, as quais, diferentemente dos latifúndios *yangban* do resto do país, tinham a maior proporção de agricultores independentes, donos de suas próprias terras. Nessa região, onde a guerrilha comunista e chinesa alcançou maiores proporções, a emergência do comunismo estaria mais relacionada à tradição de autonomia, objeto de pouco controle do governo central, do que às mudanças na relação entre camponeses e *yangbans* promovida pelos japoneses. Assim, quando os japoneses tentaram ampliar o controle sobre a região, que passou a ser o centro industrial do colonialismo na península, nos anos 1930, a ideologia socialista passou a ser utilizada como forma de resistência.

Como foi observado por Eric Wolf, em seu clássico estudo de rebeliões campesinas, não são os camponeses mais destituídos "com nada a perder" os mais prováveis a se rebelarem, mas, em vez disso, é o campesinato médio conservador, "localizado em áreas periféricas além do controle do poder central", que está mais disposto à ação radical sob circunstâncias de mudança abrupta e deslocamento. (Armstrong, 2003, p.16)

Já a instalação das bases industriais na península, sobretudo no norte, também atribuída ao imperialismo japonês, levaram à formação de uma classe operária, bastante explorada e desenraizada, por ter sido forçada a mover-se no país. Em 1931, pouco antes da ocupação japonesa da Manchúria, havia pouco mais de 140 mil trabalhadores assalariados na Coreia, e mais de dois terços estavam empregados na indústria e o resto, em sua maioria, na mineração. Em 1944, pouco antes da libertação da península, havia mais de 2 milhões de trabalhadores assalariados na Coreia, e cerca de 600 mil faziam parte do operariado industrial – um segmento social nascente, que representava uma porção substancial da população coreana (cerca de 25 milhões de pessoas em 1944), trabalhava por volta de doze horas por dia e recebia menos que a metade que um trabalhador japonês médio. Essa classe operária, insatisfeita com a situação, também se mostrou disposta a apoiar o comunismo, sobretudo, no norte da península.

Por fim, percebe-se que a China, novamente, fornece os pilares ideológicos para o Estado norte-coreano. Assim como o confucionismo e o neoconfucionismo foram exportados nos séculos V e XIV, respectivamente, tornando-se base ideológica para o sistema sociopolítico da península, o comunismo, ainda que não originalmente chinês, ingressou na península por meio da interação entre os guerrilheiros coreanos e chineses, modificando o sistema sociopolítico da Coreia do Norte a partir de 1945. Nota-se, nesse sentido, que o próprio Kim Il Sung, apesar de ter se exilado na URSS e de ter integrado o Exército Vermelho (e com ele entrado na Coreia em 1945), tinha uma forte relação pessoal com a China (era fluente em mandarim), tendo vivido grande parte de sua juventude no país e tendo combatido ao lado dos chineses na Manchúria.[5] Os laços de solidariedade entre os dois povos, forjados nesse período, são fortalecidos mais tarde, com a continuação da Guerra Civil chinesa e com a Guerra da Coreia. Além disso, os contatos dos guerrilheiros coreanos com os chineses não só ajudaram a propagar o comunismo na região, mas também tiveram um papel fundamental na formação da elite dirigente norte-coreana.

Contudo, não existia ainda um Estado norte-coreano, mas a questão da autonomia nacional, que viria a ser tão cara à política externa da RPDC, já despontava como objetivo primordial daqueles que lutavam pela liberdade, tais como Kim Il Sung. Esse desejo de autonomia nacional, histórico, ganhava impulso renovado por meio do sentimento anti-imperialista e antijaponês que fermentava na península. O socialismo, que começava a ser difundido entre os coreanos pelo contato com a guerrilha chinesa, era visto como um meio de obtenção de autonomia, e não como um fim em si mesmo.

---

[5] Também havia interação dos guerrilheiros com a URSS, que provia apoio logístico e refúgio a comunistas coreanos e chineses nas décadas de 1920 e 1930. O próprio Kim Il Sung refugiou-se na Sibéria soviética, durante a Segunda Guerra Mundial.

2. Divisão, guerra civil e Guerra da Coreia (1945-1953)

A Guerra Fria e a divisão da Coreia (1945-1948)

A Coreia e o nordeste da China, ao longo da Segunda Guerra Mundial, tornaram-se uma praça de armas, reservas militares e centros industriais, por se encontrarem protegidas dos bombardeios norte-americanos. Durante a Conferência de Ialta, foi demandado à URSS atacar os japoneses pela retaguarda, noventa dias após o fim das hostilidades na Europa (8 de maio), o que se deu em agosto de 1945, simultaneamente ao bombardeio nuclear das cidades de Hiroshima e Nagasaki. Este último evento estava mais vinculado à nascente Guerra Fria que à Segunda Guerra Mundial, que se encerrava. Mas, ao mesmo tempo que a URSS era introduzida na balança de poder da Ásia oriental, por força dos acordos de Ialta, o presidente Truman (que substituía o recentemente falecido Roosevelt) procurava limitar o impacto desse novo fator regional, bem como a emergência dos movimentos nacionalistas e revolucionários asiáticos.

A divisão da Coreia resultou da falta de uma política de longo prazo por parte das grandes potências. A Carta do Atlântico (1941) mencionava, de forma imprecisa, o conceito universal de *autodeterminação*, e a Conferência do Cairo (1943) definia a liquidação do império japonês, bem como a emergência da China nacionalista a um papel destacado na ordem mundial, mencionando que a Coreia e outras colônias deveriam se tornar independentes "no devido tempo" (para Roosevelt, aproximadamente quarenta anos!). No início de 1945, Roosevelt e Stalin acordaram excluir a China e a Grã-Bretanha de um regime de tutela americano-soviético sobre a Coreia, mas não definiam procedimentos concretos. A ação militar nos últimos dias da guerra viria a criar uma situação de divisão militar temporária ao longo do Paralelo 38°, uma linha traçada no mapa por dois coronéis americanos em poucos minutos e aceita pelos soviéticos.

A península coreana, por seu *status* colonial, sua situação geopolítica e pelo súbito colapso dos japoneses, viria a constituir uma região altamente sensível no desencadeamento da Guerra Fria, diretamente vinculada ao jogo das grandes potências. Ocorreu a confluência da clivagem sociopolítica interna com a partilha geográfica do território entre os Estados Unidos e a União Soviética, na altura do Paralelo 38°. A resistência anti-japonesa havia estabelecido comitês populares imediatamente após a rendição do Japão, mas ao sul da linha demarcatória os EUA mantiveram as unidades pró-japonesas em funções de polícia, dissolvendo os comitês, que seguiram existindo apenas na porção setentrional. Os norte-americanos apoiavam um grupo de políticos conservadores colaboracionistas, agrupados sob o Partido Democrático Coreano, e os nacionalistas exilados, liderados por Syngman Rhee, que retornou dos EUA, tendo vivido exilado 37 dos seus 60 anos.

Syngman Rhee e Kim Il Sung logo se tornaram as figuras políticas dominantes nas duas zonas. O primeiro havia vivido nos EUA por quase duas décadas, e tinha convicções antijaponesas e anticomunistas. O segundo era o herói da resistência armada na Manchúria, tinha convicções nacionalistas e comunistas, além da confiança dos soviéticos. Ainda que ambos contassem com o apoio de uma superpotência, não eram personalidades maleáveis, por vezes forçando "sua superpotência" a levar em conta sua vontade. Ao contrário de Rhee, porém, que fora escolhido a dedo pelos EUA, Kim Il Sung emergiu como principal liderança comunista dos guerrilheiros manchurianos, os quais se converteriam no núcleo da hierarquia norte-coreana, demonstrando-lhe extrema lealdade até o fim de suas vidas.

Além disso, como guerrilheiro Kim Il Sung atuara em conjunto com o PCCh (do qual chegou a ser membro) e suas forças. Depois que os japoneses tornaram inviável a atividade guerrilheira na Manchúria e no norte da Coreia, Kim se refugiou no extremo oriente soviético. Pouco se sabe sobre esse período, mas também falava russo e foi integrado às unidades coreanas do Exército Vermelho, tendo retornado à Coreia com a patente de capitão soviético. Era jovem e dinâmico, e os soviéticos o consideravam leal e maleável. Por outro lado, Moscou desconfiava dos comunistas do *underground* coreano e dos guerrilheiros, por causa das infiltrações promovidas pelos japoneses.

Uma das discussões centrais desse período diz respeito à real influência que tinha a URSS sobre a Coreia. Cumings é bastante reticente nesse sentido, ressaltando a especificidade do modelo comunista estabelecido na Coreia do Norte e sua relativa autonomia desde a fundação. Assim, ele afirma que

> A Coreia do Norte não foi simplesmente um satélite soviético nos anos 1940, mas evoluiu de um regime de coalizão, estruturado nos amplamente difundidos comitês populares, durante 1945-1946, para um regime de relativo domínio soviético durante 1947-1948, mas desenvolvendo logo importantes laços com a China em 1949, o que permitiu à RPDC manobrar, desde então, entre os dois gigantes comunistas. (Cumings, 1997, p.249)

Em primeiro lugar, é importante notar que a experiência coreana é mais comparável aos casos da Romênia e da Iugoslávia, onde o nacionalismo continuou tendo um papel fundamental mesmo com a ascensão de regimes socialistas, do que aos dos Estados do Pacto de Varsóvia. Em segundo lugar, na Coreia do Norte, a influência soviética competiu com a chinesa, e ambas tiveram de competir também com as formas e práticas políticas domésticas. Nesse sentido, Armstrong ressalta que, apesar da influência soviética sobre a Coreia, a China foi significativa para a formação da elite governante norte-coreana:

> A URSS exerceu, é claro, uma grande influência sobre a RPDC, e muitos dos primeiros líderes norte-coreanos passaram bastante tempo na URSS. Como a Alemanha Oriental,

a Polônia e outros países do Leste Europeu, a Coreia do Norte foi ocupada pelo exército soviético imediatamente após a Segunda Guerra Mundial. Mas a liderança norte-coreana também estava intimamente ligada à Revolução Chinesa, e muitas das principais figuras políticas da Coreia do Norte, incluindo Kim Il Sung, foram membros do PCCh. O núcleo do exército da RPDC era composto de veteranos coreanos da Revolução Chinesa. (Armstrong, 2003, p.2)

Em terceiro lugar, mesmo que tenha existido, desde 1945, um grupo coreano-soviético, cujo núcleo era composto por coreanos nascidos na URSS e refugiados filiados ao partido soviético, ele desempenhava um papel secundário na política peninsular. Ainda que tenha participado do poder até os anos 1950, esse agrupamento foi praticamente eliminado das instâncias dirigentes em 1956. Em quarto lugar, apesar de a Coreia ter sido importante para a Rússia desde a época dos czares, os soviéticos tinham certa desconfiança em relação aos coreanos, mesmo os que lutavam na Manchúria contra os japoneses, pois temiam que alguns pudessem ser agentes pró-japoneses. Por fim, a Coreia não era uma região prioritária para a URSS, como era a Europa. Ao contrário dos demais Estados do campo soviético, como os do Leste Europeu, havia um limitado número de assessores soviéticos na Coreia do Norte, o que lhe conferia certa margem de autonomia. Por fim, as tropas soviéticas se retiraram completamente em 1948.

Nesse sentido, a RPDC constitui um caso original dentre os regimes marxista-leninistas do pós-guerra. Em última instância, houve uma profunda reestruturação das práticas políticas coreanas tradicionais da época pré-colonial, resgatando desde o papel extraordinário do líder até sua ideologia de autossuficiência e sua política exterior de isolacionismo. Portanto, carece de fundamento histórico de que se tratava de uma réplica asiática do "stalinismo".

No breve espaço de tempo entre o colapso da administração colonial japonesa e a chegada das autoridades de ocupação estrangeira, os coreanos tentaram criar suas próprias organizações políticas, tanto na capital como nas províncias. Contudo, por causa da rapidez do processo, as organizações locais que emergiram tomaram uma variedade de formas e nomes, as quais ficaram conhecidas, genericamente, como Comitês Populares (*inmin wiwonhoe*). Os soviéticos reconheceram a autoridade dos Comitês Populares, ao mesmo tempo que tentavam torná-los mais favoráveis a suas políticas.[1] Assim, diferentemente da firme autoridade exercida pelos EUA no sul, de agosto de 1945 a janeiro de 1946, a URSS não chegou a estabelecer qualquer tipo de administração central, mas sim um governo provisório misto, no qual a Administração Civil Soviética (ACS), criada em agosto de 1945, coordenava-se com os Comitês Populares.

Além disso, em 1945, o norte da península estava dividido entre três forças políticas – comunistas, cristãos nacionalistas e seguidores da religião nativa Ch'ondogyo. Os cristãos organizavam-se no Partido Democrático Choson (PDC) e eram majoritários na maioria dos Comitês Populares nos primeiros meses após a libertação, enquanto os seguidores da religião Ch'ondogyo eram representados pelo Partido dos Amigos. O movimento comunista, que tivera sua origem na guerrilha antijaponesa, entretanto, estava dividido, de modo geral, segundo duas estratégias principais – os leninistas ortodoxos e os nacionalistas de inspiração maoísta. Os primeiros enfatizavam a importância do proletariado e da luta de classes para a revolução, nos moldes clássicos da Revolução Soviética, enquanto os últimos priorizavam o nacionalismo e a aliança com

---

[1] Os Comitês Populares do norte, criados independentemente dos soviéticos, eram dominados, no início, especialmente por nacionalistas conservadores, sobretudo cristãos. Havia comunistas em quase todos os CPs, mas eram, normalmente, minoritários, e havia muitas fricções entre os dois grupos. Não obstante, num segundo momento da ocupação, as autoridades soviéticas ajudaram a instalar um número considerável de comunistas que retornavam ao país nos CPs, fazendo que predominassem (Armstrong, 2003).

vários segmentos sociais, procurando ampliar a base social do movimento, sobretudo em direção ao campesinato.

O primeiro passo em direção à unificação dos movimentos comunistas existentes foi dado na Conferência dos Membros de Partidos Comunistas Coreanos e Entusiastas nas Cinco Províncias do Noroeste, que ocorreu em Pyongyang, de 10 a 13 de outubro de 1945. O encontro resultou na criação de um novo Partido Comunista da Coreia (PCC). Além disso, a Conferência contou com a destacada presença de Kim Il Sung, que defendeu ativamente, em oposição aos "leninistas ortodoxos", a formação de uma coalizão política ampla, independente de classe social, em bases nacionalistas, compondo uma "frente unida nacional" para reconstruir e reunificar o país (na mesma linha do que ocorria nas Democracias Populares do Leste Europeu). Naquele momento, as propostas de Kim foram rejeitadas em prol da visão mais ortodoxa, defendida por O Kisop, que queria estabelecer a revolução com base na luta de classes, conforme pregava o leninismo clássico. A posição mais abrangente e nacionalista de Kim Il Sung ganhou força em fins de 1945, convergindo com a visão soviética. Com relação a essa mudança, Armstrong (2003, p.60) ressalta que,

> Embora a libertação nacional e a revolução proletária tenham estado entrelaçadas desde o início do movimento comunista na Coreia, agora o Partido começava a salientar a eliminação dos vestígios feudais e coloniais, bem como a unificação do povo coreano, em vez de concentrar-se na classe operária. Ou melhor, no que viria a se tornar uma das características mais distintivas do socialismo norte-coreano, a nação tornou-se uma espécie de substituto para a classe operária como sujeito primordial da revolução, um movimento que pode ser chamado de "nacionalismo proletário".

Além disso, o comunismo norte-coreano se tornou, a partir daí, mais semelhante ao maoismo chinês (em construção) do que ao leninismo soviético (já consolidado), sobretudo por sua característica mais popular de mobilização das massas, o que é atribuído à influência chinesa sobre as lideranças esquerdistas norte-coreanas durante a guerrilha da Manchúria e à presença militar soviética no norte.[2] "Como foi o caso na China, ser parte do proletariado era mais uma questão de ideologia (*sasang*) ou atitude (*taedo*) do que de histórico socioeconômico por si só" (Armstrong, 2003, p.62).

Não obstante, Lee (1996) ressalta que, apesar da linha de massas advogada por Kim, ele não tinha a mesma crença nas massas que possuía Mao Tsé-tung como fonte de mudança política. Para Kim, ainda que as autoridades do Partido devessem estar atentas às demandas populares, a liderança deveria vir "de cima para baixo", como no caso soviético. Conforme aponta Armstrong (2003, p.65),

> Se a máxima de Mao era "das massas, para as massas, das massas", Kim cortou a primeira parte, acreditando que a mudança política deve ser responsiva à sociedade, mas deve ser iniciada a partir de cima (...). As experiências próprias de Kim, antes e depois da libertação da Coreia, parecem tê-lo convencido da necessidade de se manter em contato próximo com as massas e manter seus ouvidos abertos às opiniões e reclamações populares, mas, ao mesmo tempo, de manter um rígido controle sobre a autoridade central. O comunismo coreano de Kim era populista, mas não continha os exageros espontaneístas, e mesmo anarquistas, do comunismo chinês de Mao. A Coreia do Norte, para o bem ou para o mal, teria, no longo prazo, uma política muito mais disciplinada e estável que a China comunista.

Como um dos principais fatores que teria conduzido o Partido Comunista da Coreia nessa direção, houve a influência e posterior fusão com a chamada "facção de Yenan", isto é, os

---

[2] Sem que uma autoridade estivesse no poder, seria impossível mobilizar as massas, como ocorreu na Coreia do Sul devido à repressão.

veteranos coreanos que haviam lutado na Revolução Chinesa em si – não no movimento de resistência aos japoneses na Manchúria –, também chamados de Exército Voluntário Coreano. Nesse sentido, Armstrong (2003, p.65) afirma:

> Fortemente influenciados pelo populismo camponês de Mao e por sua experiência na Revolução Chinesa, esse grupo, que se organizou como um partido político sob o nome de Novo Partido Popular Coreano (Choson Sinmindang), no fim de fevereiro de 1946, tinha uma visão política bastante inclusiva, segundo a qual a revolução proletária e a libertação nacional eram inseparáveis.

Assim, a coincidência de ideias entre o Novo Partido Popular Coreano e o Partido Comunista da Coreia – agora sob a orientação ideológica de Kim – permitiu que os dois se unissem para a formação do Partido do Trabalho da Coreia do Norte, (PTCN) em agosto de 1946. Este último se fundiu com a sua contraparte sulina, em 1949, formando o Partido do Trabalho da Coreia (PTC). O PTCN, por sua vez, tinha sua base social na ampla massa de camponeses, os quais se filiavam ao Partido para obter uma posição social, prestígio e participação política por convicção ideológica. Além disso, Kim Il Sung e o PTCN eram respaldados pelo Exército Popular da Coreia (EPC), que, apesar de só se constituir oficialmente em fevereiro de 1948, já se encontrava em processo de formação desde meados de 1946.

O regime que emergiu na Coreia do Norte, no início de 1946, era, basicamente, uma coalizão do PTCN, do Partido Democrático Coreano (de base cristã) e do Partido dos Amigos (de base Chondogyo). Entretanto, essa coalizão começou a ruir no mesmo ano, quando a implementação do Tratado de Moscou provocou a resistência dos nacionalistas conservadores, que entraram em confronto com os soviéticos, levando à prisão do líder do movimento, Cho Man Sik. Considerando o momento propício, Kim convocou a Conferência dos Líderes dos Partidos Norte-Coreanos e obteve, em votação unânime, a criação de uma administração governamental central, estabelecida sob a liderança dele próprio, em fevereiro de 1946, com o nome de Comitê Popular Provisório da Coreia do Norte (CPPCN).

Nesse contexto, em novembro de 1946 foram realizadas eleições para o Comitê Popular Nacional da Coreia do Norte, não mais "provisório", nas quais o PTCN conquistou a grande maioria dos assentos, enquanto o PDC e o Partido dos Amigos alcançaram apenas uma pequena parcela de representação, ficando subordinada a Kim Il Sung. A partir daí se iniciou o processo de construção explícita do regime, com o controle da imprensa e a repressão aos cristãos e outras entidades que tivessem envolvimento político. Tal fenômeno (o enquadramento da oposição) atingia toda a península, em sentidos opostos, marcando o acirramento do confronto entre revolução e contrarrevolução. Nesse sentido, Cumings (1997, p.253) escreve:

> Através desses meios, os norte-coreanos logo eliminaram toda a oposição política não esquerdista com uma minuciosidade draconiana. Permitia-se a existência de um par de partidos não comunistas em uma frente única, porém estes não tinham poder algum. A intenção era a mesma que a da direita no Sul, a eliminação dos centros alternativos de poder. Porém, os norte-coreanos a levaram adiante de uma maneira muito mais extensa, devido a sua organização superior e à debilidade generalizada da oposição. Nem o Norte nem o Sul tiveram escrúpulos na hora de utilizar a violência para fins políticos, mas o norte tendeu a ser mais seletivo, em parte, em razão de seus inimigos serem classes e grupos numericamente pequenos e, em parte, por causa de sua prática política, cultivada talvez na experiência política da liderança coreana junto ao comunismo chinês, do qual aprendeu as técnicas de reeducação e reforma dos dissidentes políticos.

O estilo norte-coreano assemelha-se muito ao modelo que foi depois adotado pela China maoista. Os opositores do regime, ou não ideologicamente alinhados a ele, tinham que participar de sessões de crítica e autocrítica. O regime conseguia que quase todos se tornassem membros de alguma organização e, assim, estivessem ligados à coletividade. Porém, ao contrário da China e de outros países que fizeram sangrentas reformas agrárias, na Coreia do Norte os proprietários de terra tiveram a opção de fugir para o sul ou explorar pequenas parcelas de terra em outros distritos. Ademais, os expurgos na liderança não foram tão dramáticos ou permanentes como em outros países.

A RPDC foi proclamada em 9 de setembro de 1948, três semanas depois da República da Coreia, e Kim Il Sung foi aclamado primeiro-ministro, título que reteve até 1972, quando uma mudança constitucional o tornou presidente. Os soviéticos retiraram suas forças militares da península em fins de 1948. A proclamação formal da RPDC foi uma resposta à fundação da República da Coreia (considerada ilegítima e imposta pelos EUA), contrapondo a criação de um Estado autônomo no norte. Na verdade, a ideia de que seria possível uma via política para uma unificação independente das potências (mas apoiada nas bases sociais da revolução, em detrimento da elite pró-japonesa) se esvaziava, pois o frágil sul só sobreviveria como Estado separado. Assim, o novo Estado norte-coreano nascia socialista e anti-imperialista, com o objetivo de reunificar a península coreana, o que só poderia ocorrer pela força. Mas o sul também apostava numa guerra, só que internacionalizada, pois não possuía bases sociais e militares suficientes para ter sucesso no confronto.

Reformas socializantes na RPDC e apoio à Revolução Chinesa

Mais ou menos no mesmo período em que Kim Il Sung fundava a Coreia do Norte, o Kuomitang de Chang Kai Shek, na China, perdia terreno, com o avanço da revolução comunista liderada por Mao Tsé-tung. A vitória final se deu em 1º de outubro de 1949, com a proclamação da República Popular da China e a fuga de Chang Kai Shek e seus seguidores para a ilha de Taiwan. Nesse cenário, o equilíbrio estratégico do nordeste asiático se encontrava bastante tensionado. O estabelecimento de dois Estados coreanos, com regimes políticos opostos e estreitamente ligados às potências líderes dos dois blocos, viria a torná-lo ainda mais complicado, com a criação de um regime socialista na China. A nova configuração geopolítica da Ásia oriental estabelecia, a partir de então, uma massa continental sob o controle comunista, e uma periferia oceânica insular (Japão, Taiwan e Filipinas) e peninsular (Coreia do sul e Vietnã do Sul), sob o domínio norte-americano.

É notável, nesse sentido, a grande presença de tropas coreanas voluntárias que combateram na guerra civil chinesa ao lado dos comunistas. Kim Il Sung entendia o trunfo estratégico que teria com uma potencial vitória comunista na China e, portanto, já no início de 1947, passou a enviar milhares de coreanos para lutar no país vizinho, formando um verdadeiro "exército voluntário". Assim, em abril de 1947, cerca de 30 mil coreanos foram enviados para a Manchúria – onde o exército nacionalista impunha pesadas baixas aos comunistas. Entre 15% e 20% das forças comunistas chinesas na região, naquele momento, eram compostas por coreanos. Tais forças coreanas deslocadas tinham sua origem, em grande parte, nas diversas unidades que haviam combatido ao lado dos chineses na Manchúria japonesa, durante os anos 1930. Além da ajuda em termos humanos, a Coreia também proporcionava uma retaguarda confiável às forças maoistas, provendo importante apoio logístico que se traduzia na utilização da fronteira para o aquartelamento das tropas e no fornecimento de grãos e minerais coreanos – trocados por produtos manufaturados chineses.

Logo em seguida à proclamação da RPC, em 1949, milhares de soldados coreanos – muitos de tropas de elite – que lutaram na guerra civil chinesa regressaram à Coreia do Norte e foram incorporados no EPC. Ressaltando a profunda influência da China sobre o EPC que irá lutar a Guerra da Coreia, Armstrong (2003, p.234) afirma:

> Se os soviéticos forneceram treinamento e equipamentos indispensáveis ao EPC, a conexão entre o exército comunista

chinês e os coreanos veteranos da Revolução Chinesa representou uma influência chinesa sobre as Forças Armadas norte--coreanas mais íntima, mais pessoal e menos material. Após as forças soviéticas se retirarem da Coreia do Norte, tropas com experiência em batalha da Revolução Chinesa tomaram a liderança do EPC.

Esse evento foi particularmente importante por forjar, inevitavelmente, novos vínculos entre a Coreia do Norte e a China, o que ampliou consideravelmente a capacidade de negociação de Kim Il Sung no pós-Guerra da Coreia, permitindo-lhe barganhar com os dois gigantes comunistas. A iniciativa da RPDC de prover auxílio, ainda que limitado a suas possibilidades, para o sucesso da Revolução Chinesa demonstra, por sua vez, que as elites norte-coreanas não eram mero fantoche da URSS e que já vislumbravam uma forma de garantir a autonomia do país.

Para se entender a consolidação do regime norte-coreano e a evolução de seu sistema econômico, político e social, é fundamental analisar como se deu o desenvolvimento do socialismo na Coreia do Norte. O modelo socialista começou a ser implementado por meio de reformas democráticas promovidas pelo CPPCN, de março a agosto de 1946., que incluíam reforma agrária, novas regulamentações trabalhistas, legalização da igualdade de gênero e nacionalização das maiores indústrias. Dentre essas, a mais fundamental para a consolidação do novo regime e do socialismo como base político-econômica foi a agrária. Além de fornecer as bases para a economia planificada que se seguiria, também angariou o apoio das massas camponesas para o regime socialista.

A Coreia do Norte realizou sua reforma agrária já em março de 1946, sob o comando de Kim Il Sung, logrando destruir a base de poder da aristocracia *yangban*. Com relação às metas da reforma agrária norte-coreana, Armstrong (2003, p.75) afirma:

> Negativamente, os objetivos da reforma agrária eram romper o poder da classe proprietária de terras e eliminar os colaboradores japoneses, categorias frequentemente sobrepos-

tas; positivamente, o objetivo era incorporar um grande estrato de camponeses pobres e sem terra ao sistema político e ganhar seu apoio para o novo regime.

Esses objetivos tornam-se mais evidentes se considerada a situação rural da Coreia em 1945, quando cerca de 75% da terra cultivável do país era trabalhada por arrendatários, e metade das famílias camponesas não tinha terra. Além disso, os latifundiários extorquiam dos camponeses aluguéis abusivos, cerca de 60% da colheita, e a maior parte dos demais 40% tinha de ser usada para cobrir despesas, deixando o campesinato na miséria.

Tal reforma não fora mera imposição dos soviéticos – ainda que estes tenham apoiado sua formulação e implementação –, mas sim uma iniciativa dos próprios camponeses norte-coreanos.[3] A lei da reforma agrária de março de 1946 previa que a terra seria confiscada de antigos ocupantes japoneses, de "traidores nacionais" ou conhecidos colaboradores, de latifundiários com mais de 5 *chongbo* (2,45 acres), de proprietários ausentes e de organizações religiosas. A área confiscada era redistribuída a trabalhadores agrícolas, arrendatários sem terra e camponeses com menos de 5 *chongbo*. Ao todo, mais de 1 milhão de *chogbo* foram confiscados, e cerca de 700 mil famílias camponesas receberam terras.

Essa reforma ocorreu de forma rápida e, aparentemente, menos violenta do que na China. Apesar do confisco, os proprietários não foram executados e poderiam deixar o país ou se mudar para outras províncias da própria Coreia do Norte, onde receberiam a mesma porção de terra que outros

---

[3] Conforme Armstrong (2003, p.76), em algumas regiões da Coreia do Norte (sobretudo em Hamgyong), a reforma já havia se iniciado em 1945: "Logo após a libertação, Comitês Populares locais em várias áreas do norte da Coreia instituíram um 'Sistema 3-7', pelo qual 70% da colheita era dada aos arrendatários que a haviam produzido e 30% para os proprietários da terra".

agricultores. Os camponeses, por sua vez, obtiveram terras para transmitir hereditariamente a seus filhos, sem no entanto ter a possibilidade de vendê-las ou comercializá-las, uma vez que estavam socializadas.

A coletivização da agricultura só teve início após a Guerra da Coreia, com o surgimento de cooperativas a partir de 1954. Nessas cooperativas, cuja configuração territorial era praticamente igual à das antigas aldeias, os camponeses mantinham o direito de transferir as terras em que habitavam por herança, mesmo não sendo proprietários daquelas em que trabalhavam, e eram recompensados economicamente de acordo com a produtividade de seu trabalho. Segundo Suret-Canale & Vidal (1977, p.41),

> Paradoxalmente, a transformação socialista da agricultura, dos vestígios da indústria privada e do artesanato foi facilitada pelas consequências da guerra (...). Em 1953, a destruição generalizada do material e do gado reduzira quase todos à mesma miséria. O desenvolvimento da cooperação agrícola, para a utilização coletiva dos meios de trabalho disponíveis e para a utilização dos meios fornecidos pelo Estado, respondia a uma necessidade e foi favoravelmente acolhida.

Ressalta-se, nesse sentido, que a reforma agrária não foi apenas uma questão de justiça social e estava fortemente ligada à necessidade que a Coreia do Norte tinha em aumentar sua eficiência agrícola para a superar a escassez de alimentos. Esse problema, por sua vez, era decorrente, em grande parte, das circunstâncias geográficas do território norte-coreano, bem como do rompimento da divisão de trabalho instaurada pelo colonialismo japonês na península, conforme explica Schwekendiek (2011, p.117):

> Com a separação da península no Paralelo 38°, a tradicional divisão de trabalho da península foi anulada: o norte, sendo o produtor de energia e minerador da nação, ficou sem

acesso aos alimentos; enquanto o sul, sendo o centro agrícola da nação, ficou sem acesso à energia e às matérias-primas.

A indústria, assim como a agricultura, estava em estado caótico logo após a libertação, o que foi atribuído tanto à sabotagem japonesa quando da rendição, quanto às indenizações devidas aos soviéticos nos primeiros meses (formalmente eram propriedades japonesas). Diante da necessidade de reconstruir a indústria, em agosto de 1946, o CPPCN nacionalizou as grandes indústrias do país, num processo relativamente fácil no norte, pois 90% eram japonesas, pouco afetando os coreanos. Mais de mil empresas se tornaram propriedade estatal, e, em 1949, mais de 50% da renda estatal vinha das indústrias nacionalizadas.

Além disso, a industrialização norte-coreana foi facilitada pelo grande volume de assistência soviética durante a ocupação, tanto em termos de formação e importação de técnicos, escassos naquele momento, quanto de auxílio financeiro e comercial. Desde 1946, a URSS forneceu à Coreia do Norte maquinário industrial, equipamentos, matérias-primas e combustível para a reconstrução econômica do país. De acordo com as estatísticas da RPDC, a produção industrial, em geral, mais que triplicou entre 1946 e 1949, com os setores de maior crescimento abarcando a construção civil, os têxteis, a metalurgia, o maquinário, a mineração e o carvão. Além disso, o desenvolvimento industrial norte-coreano foi fortemente favorecido pela abundância de recursos energéticos e o grande potencial hidrelétrico do país.

Concomitantemente à reforma agrária e à nacionalização das indústrias, estabeleceu-se, na RPDC, uma economia socialista semelhante ao modelo soviético, dirigida pelo Estado, com base em planos de longo prazo e alto grau de centralização da indústria e da agricultura. Assim, o governo estabelece metas de produção, determina os preços, redistribui renda e aloca investimentos. Não obstante, Armstrong (2003, p.3-4) ressalta que:

Apesar do alto grau de influência e apoio soviético para a construção de um regime de orientação comunista em sua zona de ocupação, o comunismo, na Coreia do Norte, tornou-se "indigenizado" quase imediatamente, e os elementos distintivamente coreanos do sistema norte-coreano eram evidentes desde o início do regime.

Os primeiros planos anunciados foram os Planos Anuais de 1947 e de 1948 e iniciaram a caminhada em direção à nacionalização da economia e à limitação da atividade de mercado. Além disso, ambos geraram considerável aumento da produção de bens básicos, tais como grãos, têxteis e eletricidade. Com a economia impulsionada pela cooperação técnica com a URSS e pela experiência industrial durante o colonialismo japonês, os planos de 1947 e 1948 destinavam cerca de um quinto do orçamento para o desenvolvimento industrial e outro quinto para a defesa. Os salários variavam entre 950 *won* e 3,5 mil *won*, de acordo com quatro categorias: técnicos, gerentes, trabalhadores qualificados e trabalhadores não qualificados. O suprimento de bens para a população era feito através de 1,2 mil cooperativas, que compravam a produção integral das fábricas estatais e 90% da produção das empresas privadas; o percentual restante era vendido no mercado livre.

Em seguida, foi lançado o Plano Bianual para 1949-1950, com o objetivo central de consolidar os fundamentos econômicos da nação por meio da maior coletivização da indústria. O plano foi bem-sucedido em melhorar o nível de vida da população e alavancar o crescimento até a eclosão da guerra: de 1947 a 1949, o percentual de crianças que frequentavam a escola primária passou de 42% para 72%; a produção de ferro gusa aumentou de 6 mil para 166 mil toneladas; e a de barras de aço subiu de 46 mil a 97 mil toneladas. Mais significativo ainda, em 1949, o volume da produção industrial representava 3,4 vezes o de 1946, a produção de bens de consumo multiplicou-se por 2,9 e a colheita de cereais ultrapassou os 2,5 milhões de toneladas. Além disso, desenvolviam-se as primeiras cooperativas agrícolas e artesanais, de forma que o Estado e as cooperativas controlavam 56,5% do comércio.

Dos conflitos no sul à diplomacia da Guerra (1948-1950)

Uma comissão da ONU de apenas trinta pessoas supervisionou as eleições no sul e declarou, em 1948, Rhee governante dessa parte da península, apesar do clima de violência vigente no país desde 1945. As forças norte-americanas procuraram eliminar os Comitês Populares nas províncias sulistas desde o fim da Segunda Guerra e provocaram uma rebelião massiva em quatro províncias no outono de 1946 ("Rebelião da Colheita do Outono de 1946"). Os distúrbios prosseguiram em 1947, patrocinados pelo Partido do Trabalho da Coreia do Sul, especialmente nas províncias de Cholla, Kyongsang, na ilha de Cheju (todas no extremo sul) e na de Kangwon (cortada pelo Paralelo 38°, no litoral leste). Os mais radicais criaram um movimento guerrilheiro, fortemente ativo nos anos de 1948-1949. Além disso, em 1948 eclodiram revoltas populares no porto de Yosu que se espalharam para a ilha de Cheju. Líderes moderados pró-unificação foram assassinados no início dos distúrbios, enquanto os soviéticos, por seu turno, retiravam-se do norte.

Os guerrilheiros, depois de várias campanhas de contrainsurgência, passaram a atuar nas montanhas em 1948-49, agora influenciados pelo norte. A atividade guerrilheira perdurou até 1954 (mesmo durante e depois da guerra), quando foi, finalmente, eliminada. Ao mesmo tempo, durante o ano de 1949 ocorreram grandes combates de fronteira, que chegavam a durar semanas, gerando milhares de baixas dos dois lados. Os EUA e a URSS tentavam, entretanto, conter o ímpeto belicista de Rhee e Kim, mas, durante essa fase, os americanos reforçaram e modernizaram o exército sul-coreano, enquanto guerrilheiros norte-coreanos que lutaram na China retornavam ao país. Por fim, semanas antes de a guerra iniciar, Rhee sofria grave derrota nas eleições para a Assembleia Nacional.

Ao lado desses sérios problemas internos, Rhee passou a enfrentar uma ameaça externa ainda maior. Em 1948-1949, além da criação das duas Coreias, a situação internacional e regional sofria grande mudança com o triunfo da Revolução Chinesa. Em janeiro de 1950 o secretário de Estado dos EUA Dean Acheson declarou que o perímetro defensivo americano estendia-se das Aleutas (no Alasca) às Filipinas, passando pelo Japão (o que excluía Formosa e Coreia do Sul). Esse surpreendente discurso objetivava uma aproximação com a República Popular da China, pois a queda de Formosa era vista como iminente, bem como afastar Pequim de Moscou. A resposta da direita republicana e democrata foi imediata: o general Douglas MacArthur, comandante aliado no Japão, conseguiu o envio da esquadra para o estreito de Formosa e insuflou um clima de guerra com apoio dos ameaçados Chang e Rhee.

A "perda" da China representava para os republicanos, que conferiam primazia à bacia do Pacífico, a falência da política de *contenção* dos democratas, excessivamente voltados para a Europa. As provocações sul-coreanas na fronteira multiplicaram-se (assassinato de emissários, incursões militares e discursos ameaçando invadir o norte), e Kim Il Sung passou a preparar-se militarmente, John Foster Dulles (então secretário de Estado dos EUA) e MacArthur propositadamente silenciaram. Assim como em Pearl Harbor, um "ataque traiçoeiro" precipitaria uma guerra legitimada e representaria o início da escalada na Ásia. Era a resposta negativa à exortação de Churchill à abertura de negociações com a RPC, após a vitória de Mao Tsé-tung.

Não há consenso entre os historiadores acerca de quem deu início a Guerra da Coreia e quais foram suas causas. A historiografia norte-americana e a sul-coreana tradicionais sustentam que o conflito teria sido deflagrado por Kim Il Sung, com apoio da URSS, com o objetivo de dominar toda a península. A historiografia oficial norte-coreana, por sua vez, defende que o norte estava respondendo a provocações sul-coreanas na fronteira e que o objetivo do ataque teria sido a libertação da metade sul da península. Em uma análise mais acadêmica, autores como Cumings (2004), French (2005) e Lee (1996) questionam ambas as versões, alegando que a guerra teria se originado de causas múltiplas, com responsabilidades imputáveis a todos os atores envolvidos, não apenas os internos, mas também os externos, como os EUA e a URSS. Todavia, nenhuma das duas superpotências tinha interesse prévio de entrar em conflito direto.

Apesar de já existirem provocações mútuas entre o sul e o norte desde 1948, os primeiros combates fronteiriços significativos ocorreram em 4 de maio de 1949, quando o sul iniciou uma forte escaramuça em Kaesong. Combates ainda maiores foram travados em junho de 1949, na península de Ongjin, dessa vez por iniciativa norte-coreana. O sul reagiu enviando guerrilheiros ao Paralelo 38°, mas esses foram exterminados pelas tropas do norte. Nesse contexto, a Comissão da ONU sobre a Coreia (Conuc) enviou uma delegação à zona de litígio para investigar a situação. Contudo, o relatório da Conuc, bastante influenciado pelos EUA, responsabilizava unicamente o norte pelos conflitos, omitindo as provocações geradas pelo sul.

Nesse momento, a guerra já parecia iminente, e tanto Rhee como Kim Il Sung passaram a buscar o apoio de suas respectivas potências protetoras. Entretanto, os EUA deixaram claro que só apoiariam a Coreia do Sul caso esta fosse atacada sem provocação prévia. A URSS, por sua vez, também hesitava em apoiar uma ofensiva do norte sem que houvesse uma agressão inimiga. Porém, Kim Il Sung começou a negociar com a China e, no início de 1950, realizou visitas secretas a Moscou e a Pequim que lhe renderam, afinal, a aquiescência de Stalin a seus planos, o fornecimento de equipamentos militares novos por parte da URSS e o apoio direto de Mao Tsé-tung. Por que razão?

Na realidade, desde 1948, já existia uma guerra civil na península, que apenas se internacionalizou. Stalin não *ordenou*, e sim *aceitou* os planos Kim, para compensar a evolução desfavorável da situação europeia (criação da Alemanha Ocidental e da OTAN), pois a Coreia era pouco relevante para a estratégia soviética. Na perspectiva da URSS, a conjuntura parecia propícia, pois em agosto de 1949 o país se tornou uma potência nuclear e, em outubro, os comunistas chegavam ao poder na China. No inverno, as duas nações negociaram um Tratado de Aliança, assinado em fevereiro de 1950, e ratificaram o que acreditavam ser a emergência de um polo de poder para se opor à formação da OTAN na Europa, desviando a prioridade ocidental para o outro extremo da Eurásia. Mao considerou que os EUA não iriam à guerra, pois não intervieram em defesa dos nacionalistas, e Stalin considerava que o Japão ainda não se recuperara.

Entre fins de março e início de abril, Stalin concordou com uma guerra rápida e limitada, mas se negou a ter uma participação direta. Kim tinha urgência em realizar a unificação militarmente, antes que as guerrilhas sulistas fossem esmagadas por completo e as forças políticas de esquerda, desorganizadas. Entendia que era o momento de aproveitar uma situação em que Rhee se encontrava vulnerável e queria uma ação rápida antes que seu adversário pudesse ampliar seu exército, pois contava com apoio norte-americano e dispunha de uma população duas vezes maior. Ou, ainda, temia que o sul atacasse primeiro, travando a guerra no norte. Rhee, por seu lado, necessitava do conflito para afirmar sua vacilante situação política interna e externa, conspirando, para tanto, com Chang Kai Shek e com os republicanos.

Mas Stalin cometeu um erro de cálculo, pois Truman precisava enfrentar os adversários do Partido Republicano desenvolvendo uma agenda semelhante. No início de 1950, para manter a vantagem estratégica norte-americana, autorizou o projeto para criar a Bomba de Hidrogênio e os planos contidos no documento 68 do National Security Council (NSC 68), elaborado por Paul Nitze. Tratava-se de um projeto de amplo rearmamento dos EUA em escala mundial, contra a "ameaça soviética". Assim, Washington estava preparada para uma guerra, desejada pelos falcões da Guerra Fria.

A GUERRA DA COREIA (1950-1953)

A guerra começou oficialmente na madrugada de 25 de junho, na península de Ongjin, a oeste do Paralelo 38°. Mas o assalto norte-coreano decisivo ocorreu quando as tropas do Exército Popular da Coreia (EPC) avançaram sobre a 17ª divisão do Exército da República da Coreia, causando numerosas baixas.

A partir daí, um corredor foi aberto, possibilitando que, em um momento posterior, a terceira e a quarta divisões do EPC avançassem em direção a Seul com uma brigada de blindados.

Imediatamente, o Conselho de Segurança da ONU, instigado pelos EUA, condenou a invasão, por meio da Resolução 82, de 25 de junho, e decidiu-se pelo envio de tropas à península, com a Resolução 84, de 7 de julho. Contudo, a ONU teve papel apenas de ratificar as decisões já tomadas pelos EUA, concedendo-lhes certa legitimidade internacional,[4] missão que foi bastante facilitada pelo boicote da URSS ao Conselho de Segurança.[5] Os soviéticos, por sua vez, deixavam claro, desde o primeiro dia, que sua intenção era permanecer à margem do conflito, e Stálin ordenou aos navios que se encontravam em frente da costa coreana que regressassem imediatamente para sua zona defensiva.

Estima-se que mais de 80% dos oficiais do EPC eram veteranos da China, e muitos ganharam proeminência política no pós-guerra da Coreia, compondo a elite governante do país com Kim Il Sung. Dentre eles estavam Mu Chong – que teve papel importante durante a guerra – Pak Il U – ministro do Interior da RPDC e confidente de Kim Il Sung –, e Ch'oe Kwang, que foi comandante em chefe do EPC nos anos 1990. Os oficiais que não haviam lutado na guerra civil chinesa eram, em geral, veteranos da guerrilha antijaponesa na Manchúria, os quais também haviam lutado em conjunto com os chineses. Dessa forma, praticamente todo o alto-comando do EPC, em 1950, tinha tido experiência de combate com os chineses. Mas os ex-guerrilheiros lutavam agora uma guerra convencional.

---

[4] Os Estados-membros da ONU foram bastante reticentes no envio de tropas, que acabaram sendo, basicamente, norte-americanas, além de pequenos contingentes da França, Grã-Bretanha, África do Sul, Bélgica, Canadá, Colômbia, Etiópia, Grécia, Nova Zelândia, Austrália, Holanda, Filipinas, Tailândia e Turquia.

[5] O representante soviético, Jakob Malik, vinha boicotando ostensivamente o Conselho, desde fevereiro de 1950, em razão de a ONU ter rechaçado a entrada da República Popular da China na organização.

O EPC surpreenderia os sul-coreanos na etapa inicial da guerra. No verão de 1950, o exército norte-coreano avançou em direção ao sul com extraordinário êxito, chegando a dominá-lo em questão de dois meses, quando tomou Seul e encurralou as tropas da ONU no perímetro de Pusan. Com apoio da população, que em sua maioria o acolhia como libertador, os Comitês Populares foram reconstituídos e a reforma agrária realizada. Esse apoio foi importante e fez com que o exército do sul tivesse de contê-lo na retaguarda. Nesse sentido, Cumings (1997, p.302) salienta o aspecto ilimitado que a guerra tinha para os norte--coreanos, em contraste à guerra limitada que lutavam os EUA:

> Os norte-coreanos lutavam em todas as frentes: lutavam de maneira convencional, lutavam uma guerra de guerrilhas, lutavam uma guerra política através dos Comitês Populares e lutavam pela reforma agrária. Dito em outros termos, essa foi também uma guerra popular.

Não obstante, em 1º de outubro, os fuzileiros navais norte-americanos desembarcaram em Inchon (cidade próxima a Seul), alterando a correlação de forças na península e forçando as tropas norte-coreanas a recuarem para o Paralelo 38°, a fim de evitar o cerco. A partir daí os norte-americanos e sul-coreanos passaram a avançar rapidamente, de modo que, após duas semanas, já cruzavam a fronteira, violando o mandato da ONU. O general Omar Bradley afirmou que "o maior perigo que o Ocidente tinha de enfrentar residia na possibilidade que os EUA pudessem 'baixar a guarda' após haver obtido a vitória na Coreia", enquanto MacArthur, eufórico, dizia estar a caminho de Pequim e Moscou. Até a invasão do norte o número de mortos fora limitado, e só então iniciou o massacre que custou 4 milhões de vidas.

Assim, a primeira etapa da Guerra da Coreia foi encerrada e uma nova foi iniciada com o deslocamento do conflito para a montanhosa fronteira sino-coreana no Rio Yalu. Os EUA abandonavam a lógica de contenção no Paralelo 38°, defendida até então, e passavam a ter como objetivo a conquista do norte e a reunificação, eliminando a RPDC. Para se justificarem, os EUA passaram a alegar que o Paralelo 38° era somente uma linha imaginária, fixada apenas em virtude da rendição das tropas japonesas. Conforme ressalta Lee (1996) com ironia, o Paralelo que cortava a Coreia em duas era um limite internacionalmente reconhecido se os coreanos o cruzassem, mas não o era se os estadunidenses o cruzassem.

Tendo em vista a retirada estratégica das tropas norte-coreanas, as forças da ONU encontraram resistência limitada em seus avanços acima do Paralelo 38°, o que os levou a crer que a Coreia do Norte estava praticamente derrotada. Assim, após tomar toda a costa leste, alcançando a cidade portuária de Wonsan, as tropas americanas e sul-coreanas invadiram e ocuparam a capital, Pyongyang, onde a polícia sul-coreana e milícias de "organizações juvenis" de extrema direita, acobertadas pelas tropas norte-americanas, promoveram um grande massacre de civis, para eliminar os comunistas, cujo número de mortes foi estimado entre 50 mil e 90 mil pessoas.

Após a conquista de Pyongyang, as tropas comandadas pelos EUA rapidamente avançaram em direção ao Yalu. A retirada norte-coreana em direção às montanhas, na fronteira chinesa, entretanto, fora bem planejada pelas lideranças (que haviam construído um complexo sistema de túneis), atraindo MacArthur para uma guerra de guerrilhas. De fato, tal recuo era a aplicação de estratégias desenvolvidas durante a guerra civil chinesa, que visava atrair as tropas da ONU ao norte, enfraquecendo-a pelo grande esforço de deslocamento sobre uma vasta região, e aniquilá-las quando já estivessem fragilizadas pelo avanço.

Mao advertira que não toleraria a destruição da Coreia do Norte e, quando MacArthur ocupou Pyongyang e se aproximou do Rio Yalu, iniciou seus preparativos militares. Entrou no conflito em fins de outubro de 1950, pois esse rio, além de ser a fronteira, era vital para os chineses por produzir a energia utilizada pelo principal núcleo industrial da RPC, localizado na Manchúria. Além disso, as tropas norte-americanas ameaçavam diretamente a segurança do regime comunista recém-estabelecido. Todavia, a China não entrou na guerra apenas com o fim de proteger sua fronteira, mas também pela solidariedade existente entre os dois povos e para ampliar sua autonomia e segurança (a esquadra norte-americana estava diante de Taiwan e havia um exército do Kuomitang na fronteira sino-birmanesa).

Assim, em 26 de outubro de 1950, as unidades combinadas sino-coreanas desceram as montanhas de Unsan, golpeando fortemente as tropas da ONU e mudando novamente o equilíbrio de forças da guerra. Em novembro os MiG-15, de fabricação soviética, faziam sua aparição, no que foi o primeiro combate entre aviões a jato, contra os F-80 americanos, enquanto tropas comunistas conseguiam avanços no norte. Iniciaram-se, então, negociações, mas no dia da chegada do emissário chinês às Nações Unidas, MacArthur lançou uma ofensiva geral para evitar a paz. A China, então, desencadeou uma intervenção ainda maior, empurrando os americanos para o sul. Em 6 de dezembro, as forças comunistas retomaram Pyongyang, fazendo os inimigos retrocederem até o Paralelo 38° e logo reconquistaram Seul, atingindo o Paralelo 37. Como resposta, estes lançaram a Operação Killer, praticando uma política de terra arrasada, utilizando o *napalm* (bomba incendiária de gasolina gelatinosa) e ameaçando lançar Bombas Atômicas. Mesmo o sul foi considerado zona inimiga, e não território a libertar. O país inteiro foi reduzido a escombros, enquanto os combates continuavam.

Nesse momento da guerra, os EUA chegaram, inclusive, a cogitar a utilização de armas nucleares para reverter o curso do conflito e evitar uma derrota. De fato, isso esteve bem próximo de ocorrer, pois Truman chegou mesmo a assinar a ordem para o lançamento das bombas (já preparadas na base de Okinawa), em 6 de abril de 1951. Não obstante, com a destituição de MacArthur dias depois (segundo Truman, "por haver envolvido os EUA numa má guerra, num mau momento, contra um mau inimigo"), prevaleceu uma linha política mais moderada. Em vez das armas nucleares, optou-se pelo aumento descomunal de bombardeio com *napalm* e fósforo, com o objetivo de devastar toda a região e, assim, derrotar os sino-coreanos, privando-os de refúgio nas montanhas e nas aldeias. Todas as cidades, aldeias, pontes e infraestruturas foram completamente dizimadas. Além disso, as tropas norte-americanas recorreram ao bombardeio das barragens, inundando as aldeias e destruindo as plantações de arroz dos vales, causando fome generalizada (Cumings, 2010).

Os norte-americanos conseguiram contra-atacar e recuperar Seul e o conflito chegou a uma situação de impasse, em junho de 1951, numa intensa e desgastante guerra de posições em torno do Paralelo 38°, que não permitia a nenhum lado avançar. Essa situação levou ao início das conversações de paz, em julho, ainda que os combates tenham prosseguido, fazendo que as negociações fossem frequentemente interrompidas e retomadas. A Guerra da Coreia, portanto, só foi suspensa em 27 de julho de 1953, com a assinatura de um armistício em Panmunjon, pelo qual ambas as partes – EUA, representando a ONU, de um lado, e a China e a Coreia do Norte, do outro – se comprometiam a retroceder suas tropas 2 km da frente de combate, criando uma zona tampão de 4 km entre elas, a chamada Zona Desmilitarizada (DMZ).

Contudo, tal armistício apenas consolidava a situação existente antes da guerra, não estabelecendo a paz definitiva, mas apenas um empate militar. Nesse sentido, Cumings (1997, p.329) assinala:

> A verdadeira tragédia não foi a guerra em si mesma (...), a tragédia foi que a guerra não solucionou nada: simplesmente foi restaurado o *status quo* anterior, e a paz foi lograda apenas por um armistício. Hoje, os problemas e as tensões ainda permanecem.

Truman desejara um conflito limitado e só conseguira, a um custo quatro vezes maior, conservar os mesmos resultados já obtidos quando fora atingido o Paralelo 38° em outubro de 1950. Ainda que alcançando ganhos importantes no plano político (rearmamento alemão e aumento do orçamento de defesa), o empate militar na Guerra da Coreia constituiu um limite às pretensões belicistas da direita americana. Foi a primeira guerra "não vencida" por Washington, embora houvesse despejado mais bombas que em toda a Segunda Guerra Mundial. Mas, além de manter aliança militar com a Coreia do Sul, conservando tropas e até mesmo ogivas nucleares no país, os Estados Unidos também passavam a apoiar a reconstrução do Japão. A China, por sua vez, completou a última fase da retirada de suas tropas da península em outubro de 1958, mas ficava irremediavelmente envolvida com a península, zelando pela segurança do regime de Pyongyang como um Estado-tampão, que mantinha as forças norte-americanas afastadas de suas fronteiras. A URSS, por fim, consolidava sua área de influência na Ásia e permanecia como fornecedora de ajuda econômica à Coreia do Norte, cujo apoio militar mais imediato cabia à China.

Já a península coreana enfrentou duas consequências imediatas da Guerra. No sul, ocorreu a consolidação da ditadura policial e anticomunista de Rhee, o qual foi proclamado "presidente vitalício" (derrubado em 1960), recusando-se a aceitar o armistício de Panmunjon. Já no norte, Kim Il Sung se fortaleceria no poder, com uma reconstrução econômica bem mais acelerada que no sul. Além disso, a guerra, e o fato de ela nunca ter sido formalmente encerrada, tiveram consideráveis consequências de longo prazo, influindo até hoje na organização social, política e econômica do regime. Segundo Cumings (2004, p.1-2), a Guerra da Coreia explica por que o país é, até hoje, um Estado altamente militarizado, que dá grande prioridade à segurança nacional:

> A Constituição da RPDC apela para "armar toda a população e transformar o país inteiro em uma fortaleza". Dentre 23 milhões de cidadãos, 1 milhão deles estão no Exército, 6 milhões na reserva, e quase todos os homens e mulheres adultos tiveram experiência militar significativa. A CIA estimou, em 1978, que 12% dos homens entre 17 e 49 anos estariam servindo regularmente, "nível superado apenas por Israel", mas a percentagem da população nas Forças Armadas aumentou firmemente dos anos 1980 para os anos 1990, indo de cerca de 30 por mil pessoas para 48 por mil em 1991.

Isso sem contar os altíssimos gastos com defesa feitos pelo país, em relação ao PIB, as 15 mil instalações subterrâneas relacionadas à segurança nacional e os abrigos subterrâneos construídos nas bases das montanhas para a sobrevivência da população em caso de ataque nuclear. Toda essa preocupação do regime com a segurança foi, em parte, fruto da Guerra da Coreia. E a questão da segurança, por sua vez, remetia à questão da autonomia do país que estava sendo construído.

Ressalta-se, além disso, que a Guerra da Coreia não fora uma mera "guerra por procuração" entre as duas superpotências ou uma "guerra limitada", conforme afirmam alguns analistas, mas sim uma guerra civil entre dois sistemas socioeconômicos conflitantes, ainda que fomentada pela divisão unilateral e artificial da península pelos EUA. Deve ser entendida, portanto, não apenas como um episódio da recém-inaugurada Guerra Fria, mas como uma guerra "lutada por coreanos, com objetivos coreanos" (Cumings, 2004, p.6).

É nesse contexto de insegurança do regime que se torna fundamental buscar a proteção e apoio de seus dois grandes vizinhos comunistas – a China e a URSS. A primeira, fundamental para a defesa do regime do norte na guerra, será a aliada preferencial (após 1953, Moscou não priorizava a região), mantendo fortes laços políticos nos anos 1950. Alterações no contexto da Guerra Fria, no entanto, abririam espaço de barganha para o regime norte-coreano, entre a China e a URSS, levando o regime a adaptar-se constantemente às tendências políticas da região.

Assim, o regime da RPDC consolida-se em decorrência do conflito intercoreano, e seu objetivo máximo passa a ser garantir sua própria segurança diante das potências que ameaçavam a autonomia nacional. Isso explica, em grande parte, a ascensão de uma elite dirigente composta de oficiais do EPC, a maioria possuindo estreitas ligações com a Pequim. Por fim, a barganha de Kim pelo apoio da China e da URSS à Guerra da Coreia demonstra que a estratégia norte-coreana de explorar a rivalidade entre as potências para obter vantagens constituía uma barganha diplomática estruturante de sua política externa.

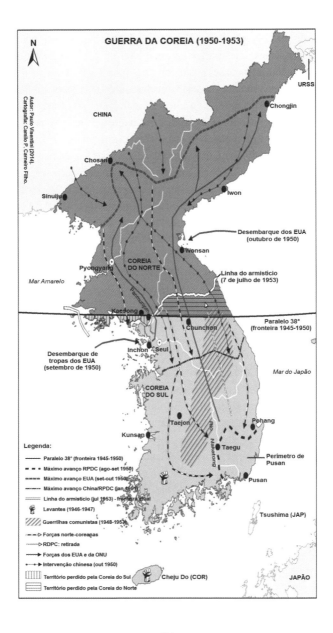

3. O socialismo em meio país:
reconstrução e socialismo *Zuche*
(anos 1950-1960)

Efeitos da guerra, reconstrução e implantação do socialismo

A compreensão do *ethos* norte-coreano depende do conhecimento das origens da revolução (relacionadas à guerrilha antijaponesa) e, principalmente, do terrível impacto que a guerra teve sobre o país. A luta pela libertação nacional foi condicionada pela intensa mobilização de diferentes grupos sociais e pela percepção das lideranças de que a unidade deveria ser construída através de uma consciência nacional. Foi nesse cenário que Kim Il Sung expôs os elementos constitutivos da Ideia *Zuche* (ou *Juche*) e a linha revolucionária baseada nessa doutrina, cujos princípios já faziam parte das raízes do movimento. O *Zuche* se desenvolveu em um quadro de lutas externas e internas e seria aprofundado como base para a reorganização do país no pós-guerra. Fortemente apoiado em uma visão nacionalista, serviu como teoria e método para o regime consolidado.

A Guerra da Coreia foi uma guerra de extermínio, com o uso de *napalm* e bombardeios massivos para destruir todas as cidades e a infraestrutura do país. Houve ameaça nuclear explícita, como visto anteriormente, e chegou a ser defendida a criação de um corredor radioativo de até 60 km junto à fronteira com a China. Como resultado, o país desenvolveu uma mentalidade de *bunker* e centenas de quilômetros de túneis, assim como 15 mil refúgios profundos foram construídos, abrigando depósitos de mantimentos e armamentos, hospitais, fábricas, hangares para aviões e refúgios para a população. O medo de um ataque nuclear foi real nesse momento, inclusive porque os EUA estacionaram armas atômicas na Coreia do Sul e no Japão.

Harold Lasswell, em um clássico artigo de 1941, definiu *the Garrisson State* (Estado militar, caserna ou guarnição) como "o que os especialistas em violência constituem o grupo mais poderoso da sociedade" (Lasswell, 1941 apud Cumings, 2004, p.1). Com cerca de 23 milhões de habitantes atualmente, o exército norte-coreano soma mais de 1 milhão de efetivos, além de 7 milhões na reserva. A esmagadora maioria da população, além disso, tem treinamento e experiência militares. Essa realidade, sem dúvida, se deve ao trauma da guerra. Após o conflito, o país se encontrava completamente destruído – cidades, pontes, represas e sistemas de irrigação, minas, fazendas, estradas e ferrovias tiveram de ser reconstruídos.

A URSS e a China contribuíram em termos técnicos, financeiros e, durante um período limitado, apoiaram diretamente a reestruturação do país. Mas foram os norte-coreanos que arcaram com o esforço humano. Tal façanha deu à população um grande sentido de autoestima e de proximidade com a revolução e o regime. Ainda na década de 1950 a reconstrução estava concluída e a sociedade industrial, consolidada. Para tanto, foi necessário socializar completamente a economia, regida por planos quinquenais, e associá-la às economias dos "países irmãos". Aliás, foi a terrível destruição econômica e social da guerra que permitiu construir uma economia socialista sem as tensões que normalmente acompanham um processo de transição do capitalismo ao socialismo.

E como o norte já era uma sociedade com um importante setor urbano e industrial antes da guerra, desde aquela época foi possível fazer uma reforma agrária e criar uma agricultura estatal ou cooperativa. O ano de 1957 foi definido como o do cumprimento do primeiro Plano Quinquenal, embora a economia norte-coreana já estivesse reabilitada no fundamental após o Plano Trienal iniciado com o fim da guerra.

A situação internacional no pós-guerra e a economia norte-coreana

A Guerra da Coreia acarretou a destruição da península e um empate militar, que congelou a situação existente. A

China ficou irremediavelmente envolvida com o país, zelando pela manutenção do regime de Pyongyang como um Estado-tampão que mantinha as forças norte-americanas afastadas de suas fronteiras. O exército chinês, apesar de suas deficiências, mostrou-se capaz de enfrentar a maior potência do planeta, mas a possibilidade de incorporar Taiwan ficava afastada por tempo indeterminado. A URSS, por sua vez, consolidou sua área de influência na Ásia e permaneceu como fornecedora de ajuda econômica à Coreia do Norte, cujo apoio militar mais imediato cabia à China.

Já os EUA reverteram sua perspectiva anterior, apoiando a reconstrução do Japão sob um regime de soberania limitada. A ajuda econômica incluía a abertura de segmentos do mercado interno norte-americano aos produtos japoneses, integrando sua economia à dos EUA, numa parceria transpacífica. No plano diplomático-estratégico, Washington teve que trabalhar para o estabelecimento de uma associação entre seus aliados que havia pouco tempo lutavam entre si, o que não se revelou um processo fácil. Taiwan, Coreia do Sul e Filipinas mantinham um enorme ressentimento em relação ao Japão, por causa da experiência da Segunda Guerra Mundial. Contudo, o temor do comunismo, bem como o impacto regional da Guerra do Vietnã, na qual os norte-americanos ingressavam já no início dos anos 1960, serviriam como cimento para tal aliança.

A Guerra da Coreia permitiu ao Japão servir de base de aprovisionamento para as unidades militares norte-americanas, desenvolvendo a indústria local. Esse processo se reproduziu de forma ampliada com a Guerra do Vietnã, conflito em que Japão, Taiwan e Coreia do Sul foram apoio econômico e, no caso dos dois últimos, também militar e diplomático. A Coreia do Sul enviou duas divisões, que foram responsáveis por inúmeras atrocidades no Vietnã. O anticomunismo solidificava a aliança Washington-Seul. Porém, o país permanecia fraco e instável, com o governo autoritário e corrupto de Syngman Rhee, até 1960, quando manifestações populares forçaram a sua renúncia.

Após um frágil interregno democrático, em 1961 foi implantado o regime militar de Park Chung Hee, que duraria quase duas décadas. Além disso, a Coreia do Sul permanecia um país agrário e pobre, inferior ao norte industrializado, o qual, mesmo com população menor, era a única nação asiática (além do Japão) predominantemente industrial. Enquanto o regime do norte gozava de legitimidade interna e estabilidade, o do sul era permanentemente contestado por amplos setores da população, além de depender economicamente da ajuda externa, sobretudo norte-americana. Assim, a propaganda de Pyongyang tinha relativa facilidade em apresentar o regime de Seul como "marionete dos EUA". Contudo, ambos os países eram reconhecidos apenas pelos membros dos blocos em que se inseriam, não sendo admitidos na ONU.

Nesse sentido, era fundamental para cada um dos regimes polarizar suas políticas internas, como forma de obter legitimidade internacional dos respectivos blocos, bem como ajuda externa. A historiografia tradicional da Guerra Fria comumente enfatizava o fato de as grandes potências instrumentalizarem os países periféricos como "peões" de suas disputas estratégicas, o que é mais do que evidente no caso das duas Coreias. O que escapou a esses analistas, no entanto, é que muitos desses países, e especialmente suas elites no poder, também utilizaram ou barganharam tais alianças subordinadas para seus próprios interesses, o que é amplamente válido também para a península.

Nesse campo, a situação se apresentava mais favorável para a Coreia do Sul. Os EUA possuíam uma supremacia incontestável no bloco capitalista ocidental, ao menos em termos do cenário asiático, com a subordinação do Japão à sua estratégia. Era possível, assim, a cooperação dos sul-coreanos com um antigo rival. Existia, além disso, uma forte solidariedade de classe, com o interesse nipo-americano em conservar a frágil sociedade capitalista do sul, permitindo a Seul gozar de um *status* internacional claramente definido em seu bloco, o que implicava um anticomunismo inflexível e sem matizes diplomáticos.

No caso dos norte-coreanos, por sua vez, Cumings (2004, p.477) chama a atenção para sua busca pela autossuficiência econômica e pelo desenvolvimento autônomo:

> A Coreia do Norte oferece o melhor exemplo de retiro consciente do sistema mundial capitalista no mundo pós--colonial em desenvolvimento, bem como uma tentativa séria de construção de uma economia independente, autônoma; como resultado, observamos, hoje, a economia industrial mais autárquica do mundo. [Mas] a Coreia do Norte nunca permaneceu ociosa, sempre avançou. Essa foi uma retirada com desenvolvimento e uma retirada para o desenvolvimento. A autossuficiência foi, ademais, autossuficiência em relação ao bloco soviético, porém com menos perseverança: [ela] recebeu grande quantidade de ajuda econômica e assistência técnica da URSS e da China (ainda que longe do que recebeu o Sul dos EUA e do Japão).

A RPDC contou com uma economia socialista dirigida pelo Estado, com base em planos de longo prazo e com forte ênfase no desenvolvimento da indústria pesada. A atividade de mercado, nesse contexto, limitou-se basicamente à venda dos produtos rurais de pequenas propriedades privadas pelos camponeses. Nos anos 1940, logo após o fim do colonialismo, o desenvolvimento econômico foi conduzido, em parte, pela cooperação técnica com a URSS, mas sobretudo por especialistas norte-coreanos que haviam adquirido experiência industrial durante o período de dominação japonesa.

O Plano Trienal 1947-1949 destinava cerca de um quinto do orçamento para o desenvolvimento industrial e outro quinto para a defesa. Além disso, estabelecia-se um sistema de racionamento dos gêneros básicos conforme categorias: os trabalhadores da indústria pesada recebiam a maior parcela e os "colaboracionistas" recebiam a menor. Não obstante, logo após a guerra, no início dos anos 1950, o crescimento norte-coreano foi prejudicado pela relativa lentidão de alguns setores estratégicos da indústria, como a produção de carvão e a indústria metalúrgica, bem como pelo êxodo urbano que ocorria, tendo em vista que as condições de vida eram, por vezes, melhores no campo do que nas cidades. Assim, havia escassez de mão de obra para o desenvolvimento industrial. A resposta de Kim Il Sung foi adotar um dos grandes preceitos leninistas, também seguido na URSS, isto é, "de cada qual, conforme sua capacidade, a cada qual conforme seu trabalho". Reconhecia-se a necessidade de estabelecer estímulos salariais para gerar a eficiência produtiva, mesmo que isso significasse certo nível de desigualdade social – desde que este fosse mantido sobre certos limites. Ao mesmo tempo, utilizavam-se os preceitos maoistas de estimular a produção por meio do trabalho junto ao povo, dos incentivos morais ou ideológicos e das campanhas de retificação de massas.

A RPDC teve novo impulso ao desenvolvimento econômico com o lançamento do Plano Trienal 1953-1956 e, sobretudo, do Plano Quinquenal 1957-1961, que visavam à reconstrução e ao desenvolvimento das indústrias mais importantes que haviam sido devastadas pela guerra, deixando de priorizar os bens de consumo. A isso se somou o recebimento de quantidades sem precedentes de ajuda proveniente do bloco soviético, possibilitando à Coreia do Norte alcançar altas taxas de crescimento. O crescimento industrial durante o Plano Trienal foi de 41,7% e de 36,6% durante o Plano Quinquenal. O crescimento foi mantido durante toda a década de 1960, com o lançamento do Primeiro Plano de Sete Anos 1961-1967, estendido por mais três anos devido à redução da ajuda soviética, tendo em vista o rechaço ao revisionismo de Kruschev e o apoio norte-coreano à China em função do rompimento sino-soviético. Nesse período, o crescimento da Coreia do Norte superava em muito o crescimento do sul.

Acerca do ímpeto de crescimento norte-coreano nos anos 1950-1960, Suret-Canale & Vidal (1977, p.46) assinalam:

> em 1960, apesar de dez em quinze anos terem sido consagrados à guerra e à reconstrução, a produção industrial registrava um

volume 7,6 vezes superior ao de 1944; em 1964, as indústrias mecânicas forneciam 25,8% do conjunto da produção industrial e a Coreia podia cobrir as suas necessidades em máquinas e equipamentos em cerca de 95%.

Além disso, a produção industrial norte-coreana, que em 1946 constituía apenas 28% da produção total do país, passou a representar 75% em 1970. A taxa de crescimento da indústria, que foi de 36,6% por ano, em média, no período 1956-1960, registrou ainda uma média considerável de 12,8% ao ano entre 1961 e 1970. Essas mudanças refletiram-se também na distribuição da população economicamente ativa. Em 1946, havia 74,1% de camponeses e apenas 18,7% de operários e empregados urbanos; em 1960, essa taxa passou para 44,4% de camponeses e 52% de operários.

A Coreia do Norte também logrou importantes êxitos nas áreas rurais desde a reforma agrária de 1946, que foi realizada de forma rápida e logrou destruir a base de poder da aristocracia *yangban*. Nos anos de 1958-1960, o governo norte-coreano promoveu uma revolução técnica no campo, que se deu em quatro partes: (a) irrigação; (b) eletricidade; (c) mecanização; e (d) quimização. A quantidade média de adubos químicos utilizados passou de 131 kg por hectare, em 1949, para 160 kg, em 1960, e 510 kg, em 1970. Nas décadas posteriores, a produtividade agrícola foi bastante ampliada a partir da realização de esforços de mecanização do campo, com a introdução de tratores, colheitadeiras e máquinas automáticas para o transporte do arroz, bem como com a aplicação extensiva de fertilizantes artificiais produzidos nas grandes indústrias químicas do país. Essas condições fizeram que a Coreia do Norte tivesse mais desenvolvimento rural do que sua vizinha nas décadas de 1970 e 1980.

Do marxismo-leninismo ao *Zuche*

Cumings (1997) define o sistema político norte-coreano, com base em sua singularidade histórica, como um regime corporativista neoconfuciano, no qual o papel revolucionário da classe operária, pregado pelo marxismo, teria sido substituído pelo da nação. Conceito derivado na tradição confucionista do papel da família como ideal de comunidade, a nação, portanto, é entendida como uma grande família, que deve estar acima de tudo. Essa ênfase justifica a existência de um Estado forte e centralizado, que tenha controle sobre toda a sociedade e a economia.

Outro ponto importante foi o estabelecimento de um culto à personalidade do líder e de uma sociedade corporativa, porém igualitária (apesar dos privilégios dos dirigentes). Associou-se, assim, a visão do marxismo europeu clássico a uma tradição asiática de Estado confuciano, com destaque à continuidade da liderança. A ideia de unidade em torno do regime e um sólido nacionalismo são suas características marcantes (Cumings, 2004). E, finalmente, o papel da ideologia é central. Kim Jong Il, a propósito da queda da URSS, argumentou que foi resultado da falta de doutrinação da juventude. Segundo ele, "a consciência desempenha um papel decisivo na atividade do ser humano. (...) O fator básico que dá ímpeto ao desenvolvimento social deve ser sempre adscrito à consciência ideológica". Pode-se dizer que se trata de uma nação onde a ideologia joga um papel essencial (Kim, Jong Il, 1995, p.7).

Ainda considerando o nacionalismo como elemento central do sistema político e econômico norte-coreano, Schwekendiek (2011, p.31) afirma:

> O que fez o comunismo norte-coreano distinto do de Moscou e do de Pequim era que Pyongyang incorporou profundamente sentimentos nacionais e elementos macro-históricos na ideologia socialista, assim optando por seu "próprio estilo de socialismo". Os maiores elementos coreanizantes são a ênfase no confucionismo tradicional e a memória da experiência traumática da invasão japonesa, bem como o foco em características autobiográficas de Kim Il Sung como herói guerrilheiro.

Armstrong comenta essa perspectiva, enfatizando o papel da tradição confuciana da Coreia para a formação do sistema político-econômico norte-coreano:

> Elementos como a ênfase ideológica no humanismo – em detrimento do materialismo – e no voluntarismo – em detrimento do determinismo histórico –, o domínio hereditário, a recriação de hierarquias sociais rígidas e outras divergências do comunismo soviético foram vistos por muitos observadores como fortes remanescentes da política e cultura coreana tradicional, especialmente das tradições confucianas da Dinastia Choson (1392-1910). Conscientemente ou não, o sistema norte-coreano funcionou através de símbolos e estruturas de poder que combinaram formas modernas e tradicionais de maneiras distintas. A reverência à família, ao líder e à distinção social, por exemplo, não foi abolida na Coreia do Norte, mas transferida e reformulada. (Armstrong, 2003, p.6)

Portanto, a consolidação do regime político norte-coreano, após a Guerra da Coreia, se deu com base na filosofia política *Zuche*. Consolidada nos anos 1960, essa doutrina pregava a autossuficiência e independência da nação em matéria de política, economia, defesa e ideologia. Em termos econômicos, justificava o desenvolvimento autárquico norte-coreano, considerando que, uma vez alcançada a autossuficiência econômica, o país ficaria bem menos suscetível a influências externas. Em termos de defesa, servia para legitimar o desenvolvimento de tecnologia nuclear, que começou a ser um objetivo desde o fim da década de 1950 para garantir a independência do país (French, 2005). Na verdade, sendo impossível construir uma economia moderna totalmente autárquica em um país pequeno, buscou-se reduzir ao mínimo a dependência externa, como forma de garantir o máximo de autonomia possível.

Politicamente, a filosofia *Zuche* teve implicações importantes relativas ao domínio interno do regime e ao seu posicionamento internacional, sendo fundamental para se analisar a Coreia do Norte atual. Para entender as ramificações que teve no plano político interno, é preciso compreender o aspecto mais profundo e filosófico que a ideologia *Zuche* adquire no âmbito do neoconfucionismo, o qual, tendo chegado à península por influência da China, durante a Dinastia Choson, prega a ideia de que a ação humana não é produzida a partir das circunstâncias externas, mas sim pelo que se considera a "condição interna" do ser humano, ou seja, sua consciência, sua capacidade de julgamento. Assim, a Ideia *Zuche* implica a criação de uma "consciência nacional" que condicione as ações de toda a sociedade e justifique as ações do Estado. A Coreia, nesse sentido, é vista como o centro do mundo e, por isto, deve ser a medida de julgamento de toda e qualquer ação de seus cidadãos. Esse pensamento é a base do nacionalismo norte-coreano e, até hoje, ainda é fortemente utilizado pelas autoridades como meio de manter a unidade em torno do regime (Cumings, 1997).

Aqui é importante, porém, fazer uma ressalva acerca do que se entende como nacionalismo norte-coreano a partir do momento histórico de estabelecimento do Estado e de lançamento da filosofia *Zuche* como sua base ideológica. O nacionalismo norte-coreano que emergiu nesse momento, relacionado ao regime que se instaura no poder, não pode ser confundido com o nacionalismo coreano, relativo à etnia coreana como um todo e ao território peninsular em sua integridade. É importante lembrar, nesse sentido, que, até os dias de hoje, as duas Coreias reivindicam, separadamente, o nacionalismo coreano, ou seja, apresentam-se interna e externamente como a verdadeira pátria do povo coreano e representante de seu passado. Sobre isso, Park (2010, p.90) afirma:

> Desde o estabelecimento dos respectivos governos (o do norte e o do sul), ambos têm considerado e definido suas respectivas jurisdições territoriais, legal e politicamente, como sendo a península inteira, criando uma situação de confronto, no âmbito da qual cada lado reivindica legitimidade única sobre o território dividido. Por isso, cada sistema tem empregado

teorias de legitimação para obter poder de influência, de forma a reivindicar o direito de governar a península inteira.

Nesse sentido, o nacionalismo que emergiu na Coreia do Norte no pós-Guerra da Coreia, com a divisão definitiva das duas metades da península, é um nacionalismo próprio do novo país. Um nacionalismo que se apropria do passado em comum com o sul para a criação de seus próprios mitos e símbolos, mas que também busca se diferenciar desse passado, no sentido em que exalta a lealdade ao regime e à revolução socialista e, sobretudo, rejeita qualquer tipo de dominação estrangeira sobre o novo país. Além disso, o neoconfucionismo implícito na filosofia *Zuche* também prega que a educação de um indivíduo é a base do desenvolvimento da consciência e, a partir daí, que os indivíduos que possuem consciência são aqueles que constroem a sociedade e a governam. Esse pensamento legitima, portanto, a figura de um líder. O "culto à personalidade" de Kim Il Sung, e posteriormente de Kim Jong Il, está fortemente associado a essa lógica. De fato, o culto à personalidade de Kim Il Sung começou desde sua chegada ao poder, em 1946, quando passou a presidir o Comitê Popular Provisório norte-coreano. Kim era exaltado como "sol da nação" e lhe eram atribuídos todos os tipos de virtudes neoconfucianas, tais como a inteligência, a sabedoria e o respeito. Conforme explica French (2005, p.49):

> De um ponto de vista confuciano, o conceito de um líder todo-poderoso com um Mandato do Céu era legítimo. (...) As primeiras décadas de existência da RPDC viram crescer o culto à personalidade de Kim Il Sung, primeiro para assegurar o poder, depois para motivar a população e, finalmente, para dominar o país. O culto já estava então efetivamente consagrado no *Zuche*.

Exemplo emblemático desse culto à personalidade do líder foi a reintrodução, em 1949, do termo *Suryong*, que significa "Grande Líder", o qual consistia no título dos governantes da Coreia antiga, ou seja, dos reis e dinastias. Assim, a posição de Kim Il Sung como líder seria fortalecida, já que o termo sugeria respeito e lealdade dos cidadãos ao governante, corroborado pela aceitação confuciana da ordem social. Levando isso em consideração, Schwekendiek (2011) aponta duas particularidades importantes do regime norte-coreano. Em primeiro lugar, a glorificação de Kim Il Sung era muito mais intensa do que a de outros líderes comunistas. Em segundo lugar, a glorificação do líder, no caso norte-coreano, ia além de sua própria pessoa, sendo estendida para o resto de sua família. O próprio Mao Tsé-tung, na China, ainda que exaltado como líder da revolução comunista, era muito menos glorificado do que Kim Il Sung e, embora sua esposa tenha assumido o poder por um curto espaço de tempo após sua morte, sua família não partilhava de seus mitos triunfais.

Além disso, Armstrong (2003, p.225) ressalta que o culto à personalidade não ia contra o Partido nem a burocracia estatal na Coreia do Norte, tendo em vista a intrínseca relação daquela vertente do socialismo com o nacionalismo:

> A principal diferença entre o culto de Kim, na Coreia do Norte, e os cultos similares a Hitler, Stalin e Mao é que o culto norte-coreano não emergiu como um fenômeno em separado da, ou em oposição à, autoridade burocrática do partido governante. (...) Ao manter o culto de Kim Il Sung em tal nível de intensidade por tanto tempo, sem cair no terror destrutivo do stalinismo, nem na anarquia da Revolução Cultural chinesa, a Coreia do Norte conseguiu algo bastante notável: um estado estável de crise permanente, uma emergência institucionalizada e contínua.

Nesse sentido, formava-se um modelo tipicamente coreano – que remonta à história antiga da península de círculos concêntricos, formado por laços pessoais, em torno da figura central do líder, isto é, Kim Il Sung. Assim, Cumings (1997, p.466-467) afirma:

O sistema norte-coreano não é simplesmente uma estrutura hierárquica de partido, exército e burocracia estatal (ainda que também seja isso), mas é também uma hierarquia de círculos concêntricos cada vez mais amplos. No centro está Kim. O círculo seguinte é sua família, o seguinte são os guerrilheiros que lutaram com ele, e depois vem a elite do partido. Esse grupo forma o círculo central e controla tudo nas cúpulas dirigentes do regime. O centro, então, se move para fora e para baixo, concentricamente, para abarcar a burocracia, os militares e outros elementos da população e prover a ligação pessoal que mantém unido ao sistema. Quando se alcança a penumbra de trabalhadores e camponeses, a confiança dá lugar ao controle sobre bases burocráticas e a uma mescla de incentivos normativos e remunerativos. Não obstante, a família permanece como modelo para toda a organização social norte-coreana e é a pedra angular do sistema (a constituição da RPDC define a família como a unidade nuclear da sociedade).

Os fundamentos político-diplomáticos do *Zuche*

Todavia, o elemento mais importante em termos políticos, conforme apontam Scalapino e Lee (1972), o *Zuche* significou a redução da influência das chamadas facções de Yenan e Soviética, as quais haviam tido significativa relevância para as disputas de poder interno dentro do movimento comunista norte-coreano, desde os anos 1940. Tudo começa com uma crise política interna desencadeada a partir de junho de 1956, refletida no Plenário de Agosto do Partido do Trabalho da Coreia, quando Kim viajava com uma delegação à URSS e ao Leste Europeu. Na ocasião, Pak Ch'ang Ok (coreano-soviético) e Ch'oe Ch'ang Ik (ligado à facção de Yenan) teriam liderado uma facção anti--Kim em volta de três questões básicas: crítica à ditadura de um homem só; crítica ao programa econômico do governo que, ao priorizar a indústria pesada, voltava as costas às necessidades do povo; e crítica ao critério de seleção dos membros do Partido, supostamente centrado no equilíbrio faccional, o qual deveria ater-se à meritocracia. As críticas abertas ao regime teriam

PAULO G. F. VISENTINI • ANALÚCIA D. PEREIRA • HELENA H. MELCHIONNA

causando o caos no Plenário e muitos líderes da oposição foram expurgados e destituídos de suas funções no dia seguinte. Nesse momento, a China e a URSS intervieram na crise e forçaram Kim Il Sung – não se sabe muito bem como – a restituir tais figuras políticas a seus antigos postos (Scalapino; Lee, 1972).

Esse evento teria servido de alerta ao regime quanto aos perigos de manter qualquer alinhamento com as potências da região, tendo em vista as grandes assimetrias existentes entre eles. Kim Il Sung teve de ceder temporariamente aos seus "protetores", mas não por muito tempo. Em 1956-1958, ele promoveu uma série de expurgos nos mais altos escalões do Partido do Trabalho da Coreia, rebaixando qualquer liderança que tivesse ligação direta com os interesses da URSS e da China e isolando a oposição a partir de campanhas propagandísticas antissectárias. O golpe final para as facções Soviética e de Yeanan ocorreu em 1958, por ocasião da 1ª Conferência dos Representantes do Partido do Trabalho da Coreia do Norte, com os expurgos de Ch'oe Ch'ang Ik e de Kim Tu Bong, as maiores lideranças da facção de Yenan, e com a fuga do último membro da facção soviética que tinha algum destaque, Pak Ch'ang Ok, para a URSS (Scalapino; Lee, 1972).

Essa atitude do regime – que permitiu consolidar seu poder interno, rechaçando qualquer resistência à liderança de Kim Il Sung – estava diretamente relacionada aos desdobramentos que a filosofia *Zuche* tinha no âmbito de política externa, uma vez que a ideologia implicava a adoção de uma postura independente tanto perante a URSS, quanto perante a China, em um contexto de crescente desentendimento entre as duas potências. O revisionismo kruscheviano, ao descontinuar a construção do socialismo soviético dos líderes históricos, bem como a luta de facções no partido da China (e, depois, a Revolução Cultural), representavam perigos mortais que Kim desejava evitar na Coreia.

Assim, em termos de política externa, a RPDC expressava, por meio da filosofia *Zuche*, sua disposição de não ser manobrada pelas grandes potências, mesmo aliadas, conforme seus interesses, e que, ao contrário, faria valer seus próprios interesses nacionais. Nesse sentido, a filosofia *Zuche* é a formulação explícita da autonomia como objetivo máximo da política externa norte-coreana. De maneira mais pragmática, essa disposição em fazer valer os interesses nacionais norte-coreanos acima dos interesses das potências aliadas já era demonstrada pela recusa de Kim Il Sung em seguir as diretrizes soviéticas em relação aos EUA, expressa nesse mesmo discurso que reforçava a filosofia. Na ocasião, em uma clara demonstração de autonomia política, Kim ([1955] 1971, p.585) reafirmava claramente a posição norte-coreana diante da reaproximação promovida entre EUA e URSS após a morte de Stalin:

> O camarada Pak Yong Bin, após voltar da URSS, disse que, uma vez que a URSS estava seguindo uma linha de flexibilizar as tensões internacionais, nós, também, deveríamos deixar de lado nossos slogans contra o imperialismo dos EUA (...). O imperialismo norte-americano queimou nossas terras, massacrou nosso povo inocente e estão ainda ocupando a parte sul do nosso país. Eles são nossos inimigos jurados, não são?

De fato, além de servir como elemento de legitimação para sua política interna, o "antiamericanismo" se justificava pela própria situação ainda persistente de divisão da península coreana, a qual representava uma ameaça para o norte. Dessa forma, Kim reafirmava que não seria submisso em relação às potências em detrimento dos interesses nacionais norte-coreanos. Faltava, então, traçar a estratégia de política externa que permitiria ao regime instrumentalizar esse discurso, a fim de obter vantagens reais em defesa do nacionalismo.

De forma geral, o saldo político interno desse primeiro período após a Guerra da Coreia, que servirá de pano de fundo para a estratégia da barganha nacionalista no âmbito externo, foi marcado pela consolidação do poder de Kim Il Sung. Consolidação essa que se deu graças a três fatores: (I) ao fortalecimento do Partido do Trabalho da Coreia e do Exército Popular da Coreia;

(II) à derradeira eliminação do faccionalismo ligado à China e à URSS; e (III) à ascensão do nacionalismo e da ideologia *Zuche*. Assim, Scalapino e Lee (1972, p.525-526) afirmam: "As antigas coalizões de facções estavam definitivamente destruídas. Kim Il Sung emergiu como o único líder e, em sua volta, agrupou-se um círculo social de seguidores fiéis, a maioria deles 'velhos guerrilheiros'".

A análise da formação do sistema político norte-coreano, a partir do *Zuche*, demonstra que não há como aplicar conceitos políticos liberais ocidentais para compreender o sistema político norte-coreano, uma vez que esse sistema é peculiar. É interessante ressaltar que a filosofia *Zuche* pode ser vista, também, como resposta à crescente rivalidade sino-soviética, buscando tirar proveito máximo da situação para a conquista da autonomia, conforme explicado a seguir.

Por um lado, a filosofia *Zuche* permite entender como foi montado o sistema político norte-coreano, e como ele se justifica até hoje perante sua própria sociedade. Por outro lado, a filosofia *Zuche* explica a base do nacionalismo norte-coreano e sua instrumentalização também em termos de atuação no cenário internacional. A política interna, nesse sentido, projeta-se no âmbito externo por meio da filosofia *Zuche*. Contudo, a política externa deve ser analisada sob a luz da barganha nacionalista realizada pela Coreia do Norte no período da Guerra Fria, sobretudo nos anos 1950-1960.

Pyongyang foi obrigada a manter relações de equilíbrio com os dois gigantes comunistas que, desde o XX Congresso do Partido Comunista da União Soviética (1956), divergiam e competiam de forma cada vez mais explícita. Se a ajuda econômica da URSS era mais substancial, a postura diplomática de Moscou em relação ao Ocidente, desde a afirmação da Coexistência Pacífica, era percebida como uma ameaça potencial. Assim, era preciso contar mais com a China no campo estratégico durante esse período, e flanquear as divergências entre os dois aliados, sem ter de tomar posição por qualquer lado. Em parte, isso foi possível porque para a URSS o cenário asiático era secundário nessa fase.

A rivalidade sino-soviética contribuiu, em grande medida, para a afirmação do conceito *Zuche* na Coreia do Norte, que enfatizava a autoconfiança, a independência e emprego das próprias forças, o que parecia paradoxal considerando-se que a tensão existente na península (tropas norte-americanas e armas nucleares no sul) demandava apoio chinês e soviético para a segurança do norte. Assim, Kim Il Sung foi suficientemente hábil para criar um espaço de independência entre Moscou e Pequim, sem tomar partido na disputa, alterando a ênfase de sua aliança em cada conjuntura e garantindo a maior autonomia possível, o que implicava a existência de um regime largamente fechado ao exterior (inclusive em relação aos aliados) e no âmbito interno.

4. Da cisão sino-soviética à aliança sino-americana (anos 1960-1970)

A Coreia do Norte diante da rivalidade sino-soviética

Após a Guerra da Coreia, tanto o sul como o norte não eram oficialmente reconhecidos pela ONU, mas apenas pelos membros dos blocos dos quais faziam parte. Dessa forma, era-lhes fundamental polarizar suas políticas internas em torno desses blocos, para obter legitimidade internacional e ajuda externa. Isso passou a ser bastante complexo para a Coreia do Norte após a morte de Stalin, em 1953, quando a URSS e a China começaram a se hostilizar gradualmente. Essa animosidade se tornou ainda mais pronunciada a partir de 1956, quando, por ocasião do XX Congresso do Partido Comunista da URSS, seus dois principais aliados começaram a divergir de maneira cada vez mais explícita.

Não obstante, é nesse momento pós-guerra que o regime norte-coreano, em vias de consolidação e de reconstrução econômica, começou a formular sua política externa nacionalista. O regime buscou, nesse sentido, aproveitar-se do contexto de rivalidades entre as potências da região, bem como da remanescente presença militar norte-americana ao sul da península, para obter ganhos que lhe auxiliassem a garantir a segurança e o desenvolvimento nacional. Ao mesmo tempo, a conjuntura regional também permitia ao governo norte-coreano garantir certa margem de autonomia política em relação às potências, enquanto procurava adquirir autonomia em termos econômicos e militares. Para fazer isso, o regime oscilou suas atitudes políticas, ora se aproximando da URSS, ora da China, sem jamais romper integralmente com nenhum dos lados, nem nunca ceder totalmente a nenhum deles.

Nesse sentido, muitos autores como Park (2010), Kim (1976) e Cumings (1997) argumentam que não é possível entender o jogo político da Coreia do Norte com a China durante os anos 1950 e 1960 sem levar em consideração a ideologia *Zuche*, que serviu de embasamento e justificativa da estratégia de barganha de Kim Il Sung no período. Ele foi suficientemente hábil para criar um espaço de independência entre Moscou e Pequim, sem tomar partido na disputa, alterando a ênfase de sua aliança em cada conjuntura e garantindo a maior autonomia possível, o que implicava um regime largamente fechado ao exterior (inclusive em relação aos aliados).

Para entender a estratégia política que a Coreia do Norte passou a articular com a China e com a URSS, é preciso compreender a importância geopolítica que o país adquiriu no contexto da Guerra Fria para as duas potências. Acerca dos interesses da China em relação à Coreia do Norte, no âmbito dessa emergente disputa sino-soviética, Ha (1983, p.228-229) ressalta:

> Para a China, a predominância soviética na Coreia do Norte apresentaria uma série de problemas graves em potencial. O controle russo da RPDC iria, por exemplo, aumentar enormemente a vulnerabilidade do núcleo industrial vital da RPC na Manchúria e daria aos soviéticos mais um *link* em seu sistema de segurança coletivo asiático, elaborado para isolar e intimidar a RPC.

Cumings (1997) também considera que o conflito sino--soviético não era, pelo menos até meados dos anos 1970, o único motivo para que a China buscasse se aproximar da Coreia do Norte e garantir sua influência. A presença militar norte--americana no sul da península mantinha tensionado o sistema de segurança regional chinês, obrigando o país a buscar certa influência sobre a RPDC para dissuadir os EUA. Essa tensão também concedia a Kim Il Sung boas oportunidades de extrair vantagens de seu grande vizinho. Apesar de o temor securitário chinês ser complementar à rivalidade sino-soviética, ele era fundamental para a estratégia nacionalista a ser implementada pelo regime norte-coreano, embora tenha começado a ruir em meados dos anos 1970 diante da chamada Diplomacia do Ping-Pong.

Para os soviéticos, no contexto de rivalidade com a RPC, Choi (1983) afirma que a RPDC é adjacente às províncias marítimas da Sibéria e está localizada no Mar do Japão. Localizada nas proximidades da fronteira coreana, Vladivostok era há muito tempo o ancoradouro da Frota Soviética do Pacífico e, por isso, a península demandava atenção da marinha. Influência crescente sobre a região daria à frota mais segurança e lhe permitiria manobrar mais livremente. A localização da península no Mar Amarelo, no lado oposto ao da China, significava que as forças navais, operando da Coreia, poderiam colocar a China taticamente em cheque; a Manchúria poderia ser ameaçada a partir dali. E, ainda, a posição asiática dos soviéticos em relação à China seria imensuravelmente melhorada, em termos políticos e militares, se tivesse acesso aos portos coreanos e presença nos seus estreitos.

Choi (1993) também argumenta que, caso fosse deflagrado um conflito direto entre a China e a URSS, a Coreia do Norte seria um trunfo estratégico extremamente importante para ambos. Para a URSS, poder se apoiar na Coreia do Norte em um cenário de guerra significaria que: (I) a Manchúria estaria cercada por territórios de aliados – Coreia do Norte, Mongólia e províncias marítimas; (II) teria vantagens decisivas para o controle do Mar Amarelo; (III) conseguiria facilmente garantir o controle sobre o Mar do Japão; (IV) poderia evitar ataques chineses às províncias marítimas pelos flancos (Mongólia e Coreia do Norte); (V) poderia evitar que os EUA e suas forças militares estacionadas na Coreia do Sul se aproveitassem de uma possível guerra sino-soviética.

Por outro lado, se Pequim fosse aliado exclusivo de Pyongyang, a China poderia construir um campo socialista asiático sólido, excluindo a URSS. Se lograssem o apoio da Coreia do Norte em um possível cenário de guerra contra os soviéticos, os chineses poderiam: (I) garantir facilmente a segurança do Mar Amarelo e eliminar as ameaças soviéticas contra as zonas portuárias chinesas; (II) avançar em direção ao Mar do Japão e ameaçar diretamente a Frota Soviética do Pacífico; (III) atacar áreas das províncias marítimas soviéticas; (IV) usar a Coreia do Norte como zona tampão, evitando confrontação direta com as forças norte-americanas na Coreia do Sul.

A Coreia do Norte, portanto, tem uma posição geopolítica de grande relevância para as relações internacionais do nordeste asiático. O país guarda o acesso ao Mar Amarelo, ao Mar do Japão e ao próprio Pacífico. A RPDC estava próxima a uma região econômica de grande importância para a China, a Manchúria, rica em recursos minerais e energéticos, bem como Vladivostok, região estratégica para a União Soviética, por servir de porto a sua Frota do Pacífico. Isso sem contar sua importância para a contenção e cálculos securitários da URSS e da China em relação às tropas norte-americanas estacionadas no sul da península.

A barganha e a reconstrução econômica

A Coreia do Norte se aproveitou de sua posição geopolítica estratégica, instrumentalizando-a, uma vez que, logo após a Guerra da Coreia, o país precisava ser reconstruído e o regime precisava se consolidar. De fato, a RPDC promoveu novo impulso ao desenvolvimento econômico após a Guerra da Coreia, com o lançamento do Plano Trienal 1954-1956, que visava à reconstrução e ao desenvolvimento das indústrias mais importantes que haviam sido devastadas durante o conflito. A reconstrução foi fortemente favorecida pela assistência da China e da URSS, as quais, juntas, chegaram a enviar cerca de 13 milhões de dólares à RPDC ao longo da década de 1950 (Savada, 1994).

Pouco após o fim da Guerra da Coreia, a URSS havia se comprometido a doar 1 bilhão de rublos, destinados a fomentar a indústria pesada norte-coreana, bem como perdoou grande parte da dívida externa contraída pelo país durante o conflito. A ajuda prometida pela China, em 1954, apesar de significativa, foi mais modesta, inclusive pelo fraco desempenho econômico que o país apresentava naquele momento. Ainda assim, cancelou toda a dívida contraída entre 25 de junho de 1950 e 31 de dezembro de 1953 e concordou em dar uma ajuda que totalizava 800 milhões de *yuan* entre 1954 e 1957. Esses fundos seriam usados, primordialmente, para o fornecimento de alimentos, têxteis, algodão e carvão, bem como de materiais de construção e de maquinário. Em 1954, Kim Il Sung afirmou que a China forneceria à Coreia do Norte 100 mil toneladas de grãos, milhares de metros de tecido, barcos pesqueiros, carvão e outros equipamentos. Além disso, a China assistiria à reabilitação do sistema ferroviário da Coreia do Norte.

Assim, enquanto a URSS desempenharia o papel principal na construção do complexo industrial básico, a China proveria os norte-coreanos com víveres suficientes e também desempenharia um papel em áreas como transporte dentro de suas limitações. Se a ajuda econômica da URSS era mais substancial, a postura diplomática de Moscou diante do Ocidente, desde a afirmação da Coexistência Pacífica, era percebida como uma ameaça potencial. Sob certo ponto de vista, era preciso contar mais com a China no campo estratégico durante esse período, e flanquear as divergências entre os dois aliados. Como resultado, durante o Plano Trienal 1954-1956, a ajuda externa – praticamente toda advinda da URSS e da China – correspondia a cerca de 60% do orçamento norte-coreano. Como resultado da completa implantação do modelo socialista e desse auxílio externo, a produção aumentou drasticamente, alcançando já em 1956 o nível prévio à guerra, para os principais produtos, tais como carvão, cimento, têxteis e outros bens de consumo. Dessa forma, o crescimento industrial chegou a 41,7% (Cumings, 1997).

De fato, em agosto de 1956, o governo anunciou que todos os setores industriais haviam alcançado suas metas, ainda que os maiores ganhos, de longe, tenham sido na indústria pesada, particularmente nos setores da metalurgia, maquinário, energia elétrica, químicos e mineração. O investimento estatal priorizou esses segmentos, uma vez que a indústria pesada poderia conduzir ao *Zuche* econômico, ou seja, a relativa autossuficiência.

Conforme apontam Scalapino e Lee (1972, p.531-532): "Cerca de 80% do investimento estatal para a construção industrial havia sido alocado para o setor da indústria pesada, e essa soma representava aproximadamente 40% do investimento estatal total para o período do plano". Apesar dessa prioridade, a reforma agrária também foi aprofundada com a coletivização e a centralização do setor agrícola. Assim, se, em 1946, 74% das fazendas eram privadas, em 1954, essa taxa era de 44%, e em 1957, de apenas 3%. Em 1958, praticamente todas as fazendas haviam sido substituídas por cooperativas, com exceção de minúsculos pedaços de terra que eram tolerados pelo governo (Schwekendiek, 2011).

Em seguida, o Plano Quinquenal 1957-1961 estabeleceu as bases para a industrialização pesada da Coreia do Norte, em consonância com o Grande Salto para a Frente lançado por Mao Tsé-tung, na China, mais ou menos no mesmo período. A ideia de ambos era desenvolver a indústria de base para garantir um desenvolvimento industrial autônomo. Ademais, conforme afirma Cumings (1997), o Plano Quinquenal partia da constatação de que o crescimento norte-coreano não teria atingido toda a sua potencialidade no início dos anos 1950 pela relativa lentidão de alguns setores estratégicos da indústria, tais como a produção de carvão e a indústria metalúrgica. Assim, em 1958, 85% do orçamento anual foi alocado para a indústria pesada, ao passo que apenas 15% foram destinados à indústria leve.

Entretanto, quando do lançamento do novo plano econômico, a Coreia do Norte já dava claros sinais de autonomia política em relação à URSS, apesar da dependência econômica que caracterizou os primeiros anos do pós-Guerra. Kim (1976) assinala que o Plano Quinquenal, diferentemente dos planos anteriores, havia sido elaborado sem qualquer consulta ou aprovação da URSS. Kruschev expressou explicitamente sua desaprovação em relação à iniciativa e considerava-a "irrealista". Os soviéticos também criticaram a concentração de poder nas mãos de Kim Il Sung. Em contraposição, a delegação chinesa se mostrou otimista acerca da realização do Plano, demonstrando pleno apoio político ao presidente. No fim de contas, apesar das críticas, a URSS concordou em conceder assistência econômica para que o Plano fosse executado, fornecendo, de início, 75 milhões de dólares em subsídios e 42,5 milhões de dólares em empréstimos, valores consideráveis para a época.

Para compreender por que a URSS manteve o apoio econômico ao regime, apesar das divergências políticas, é preciso levar em consideração o contexto do nordeste asiático naquele momento. As relações entre Pequim e Moscou se deterioraram de forma progressiva em fins dos anos 1950, quando os soviéticos descumpriram partes do acordo militar que tinham com a China, recusando-se a fornecer certos tipos de materiais atômicos ao país. Pouco depois, quando a disputa sino-indiana sobre a fronteira do Himalaia eclodiu, os soviéticos mostraram certa simpatia à causa indiana, uma atitude considerada hostil pela China. Além disso, a URSS se reaproximava dos EUA, o que era inadmissível tanto para a China como para a Coreia do Norte no contexto de uma "Coexistência Pacífica". Diante da situação de ruptura dentro do bloco socialista, a RPDC, em um primeiro momento, tentou articular uma posição de neutralidade com os demais países socialistas asiáticos, o Vietnã entre eles. Porém, em um segundo momento, as posições da RPDC passaram a convergir com as da China, ainda que sem hostilizar diretamente a URSS, a fim de manter o recebimento de auxílio econômico, político e militar de ambas, em uma relação de autonomia com os dois gigantes socialistas.

Kim e Mao diante do revisionismo soviético

Colocada em uma posição difícil entre as duas super-potências do bloco socialista, ao não desejar antagonizar com nenhuma delas, como afirma Park (2010), a Coreia do Norte foi levada a declarar um caminho de equidistância e, portanto, de autonomia. Mas foi a União Soviética que se tornou o alvo mais conveniente das críticas norte-coreanas, por causa da política que Moscou adotara naquele momento. Em contraste, a China fornecia um modelo mais razoável até a aliança sino-americana nos anos 1970. Assim como Mao criticava Moscou por suas "políticas hegemônicas", Kim Il Sung expressava desgosto em relação às "políticas intervencionistas" da URSS.

Foi nesse momento que, efetivamente, a Coreia do Norte se afastou de Moscou em termos políticos e ideológicos, uma vez que as novas posições adotadas pela potência após a ascensão de Kruschev – como a a crítica ao culto à figura de Stalin e certa acomodação com os EUA – não interessavam de forma alguma ao novo regime instituído por Kim Il Sung, que elevava a novos níveis a reverência à personalidade do líder e utilizava a agressão e a presença norte-americana na península como base de legitimação interna. O líder norte-coreano considerava o "kruschevismo", conforme se revelava, basicamente incompatível com os desejos e as necessidades de seu país. Ao contrário da acomodação dos interesses soviéticos à nova dinâmica internacional, os norte-coreanos demandavam por uma política que desafiasse os EUA, que os colocasse na defensiva e os detivesse na região. Sua principal preocupação em política externa a esse respeito era a unificação de seu país – nos seus termos – e a remoção da presença norte-americana da Ásia. Esses desejos primordiais estavam inter-relacionados e nenhum deles era satisfeito pela reaproximação americano-soviética.

Entretanto, Park (2010) ressalta que a aproximação com a China não deveria se dar, do ponto de vista norte-coreano, pela criação de uma nova relação de dependência como a que houve em relação à URSS nos primeiros anos da libertação. A ênfase agora era, claramente, a busca pela autonomia. Ademais, apesar das divergências com o "kruschevismo", a ajuda soviética ainda era extremamente necessária, sobretudo em um momento em que grandes recursos estavam sendo mobilizados na busca da autossuficiência econômica do país.

De acordo com Kim (1976), as relações da Coreia do Norte com a China continuaram em alta e, em setembro de 1958, os norte-coreanos receberam um empréstimo de 52,5 milhões de dólares dos chineses. No mesmo mês, conforme explicam Scalapino e Lee (1972), os norte-coreanos se inspiraram em alguns preceitos maoistas de estímulo à produção por meio do trabalho com o povo, de incentivos morais ou ideológicos e de campanhas de retificação de massas, com a implementação do movimento Chollima.[1] Esse movimento consistia em uma campanha governamental de mobilização de massas, destinada a aumentar a produção a partir de recursos limitados, algo semelhante ao que foi feito na China no âmbito do Grande Salto para a Frente. A ideia era, basicamente, estabelecer competições entre trabalhadores industriais e distribuir prêmios simbólicos – que representassem prestígio social aos trabalhadores que mais produzissem. O resultado direto de tal movimento sobre a produtividade do país foi importante e, durante o Plano, o crescimento da produção industrial foi de 36,6% (Schwekendiek, 2011).

Talvez um dos resultados mais benéficos da emulação das políticas chinesas tenha sido a pressão que colocou sobre a União Soviética para renovar seu apoio à Coreia do Norte. Em 1959, a URSS concordou em conceder um empréstimo adicional de 125 milhões de dólares para assistir ao crescimento da economia norte-coreana. Dessa forma, a Coreia do Norte havia alcançado seus objetivos sem ter de se curvar-se às pressões soviéticas. Em seguida ao Chollima, foram instaurados dois outros movimentos econômicos que, apesar de menor significância, seguiam bases maoistas: o movimento Chongsan-ni e o chamado Sistema de Trabalho Taean. O primeiro sugeria que os burocratas do país deveriam seguir o exemplo de Kim Il Sung, que fazia visitas de campo constantes às fazendas do país, a fim de interagir com os agricultores locais, identificando ineficiências burocráticas, bem como evitando problemas de coordenação. O Sistema de Trabalho Taean nada mais era do que a extensão do movimento Chongsan-ni para o setor industrial.

---

[1] Chollima é uma criatura legendária da mitologia coreana cujo nome pode ser traduzido como "cavalo de mil milhas" e que, portanto, simboliza avanço a grande velocidade.

O *ZUCHE* COMO DESENVOLVIMENTO ECONÔMICO INDUSTRIAL

Em sintonia com a conjuntura, Kim Il Sung usava a disputa sino-soviética emergente para promover uma clara barganha nacionalista com os dois países. Em 1961, o PTC anunciou que o Plano Quinquenal havia superado suas metas no tempo recorde de dois anos e meio. Entre 1957 e 1960, a produção industrial total aumentou 3,5 vezes e o aumento anual médio da produção industrial foi de 36,6%. Na agricultura, as três principais tarefas – irrigação, eletrificação e mecanização – avançaram significativamente. Cerca de 800 mil *chongbo* estavam agora com irrigação, incluindo todos os campos de rizicultura. A eletrificação rural havia prosseguido ao ponto de 92,1% de todas as aldeias e 62% de todos os lares camponeses terem eletricidade. A mecanização, apesar de prosseguir mais devagar, estava progredindo (Scalapino; Lee, 1972).

Além disso, a produção de grãos também havia aumentado consideravelmente, e o PTC passou a incentivar ainda mais a produção rural de matérias-primas para a indústria em relação à produção de alimentos. Combinado a isso, o Partido, com o objetivo de eliminar possíveis focos de instabilidade política, adotou uma série de medidas destinadas a melhorar o nível de vida dos norte-coreanos, reduzindo a situação de penúria. Assim, em 1959, o preço dos bens alimentares que estavam racionados foi reduzido, os impostos em espécie sobre a agricultura caíram e a média salarial ampliou-se consideravelmente.

O crescimento foi mantido durante toda a década de 1960, com o lançamento do primeiro Plano de Sete Anos 1961-1967, com ênfase na construção de fundações econômicas independentes, em conformidade com o *Zuche*. A iniciativa era dividida em duas etapas. Nos três primeiros anos (1961-1963), o objetivo era melhorar o nível de vida da população, aumentar os investimentos estatais na indústria leve e na agricultura, ao passo que os investimentos na indústria pesada seriam restritos à expansão das instalações já construídas; nos quatro últimos anos do plano (1964-1967), a ênfase recairia novamente sobre a indústria pesada, sobretudo nos setores de mineração, combustíveis, eletricidade, químico, siderúrgico e de transporte. Considerando o otimismo que se seguiu ao sucesso do Plano Quinquenal, as metas quantitativas estabelecidas eram bastante ambiciosas. O plano também reconhecia a necessidade de ampliar o número de técnicos e de pessoal administrativo, a fim de tornar a indústria mais eficiente. Nesse sentido, previam-se investimentos significativos na educação técnica dos trabalhadores e dos jovens. Além disso, o movimento Chollima foi mantido como base de mobilização popular e aumento da produtividade.

Mais uma vez, a ajuda soviética e chinesa, obtida graças à barganha promovida por Kim Il Sung, era de extrema importância para que o plano fosse colocado em ação. Não obstante, conforme afirma Kim (1976, p.295), a URSS se mostrou novamente crítica às pretensões de autonomia econômica da Coreia do Norte que não estava disposta a abandonar. Os soviéticos expressaram objeção à recusa dos norte-coreanos em concordarem com o planejamento coordenado com outros países do bloco socialista, que levaria a uma economia integrada entre todos os países. A posição econômica soviética era de que o planejamento e a integração trariam a vantagem das economias de escala e as condições para alocar cada indústria nas áreas em que teriam as maiores vantagens comparativas. A Coreia do Norte respondia que isso iria claramente prejudicar sua independência política. Para um país subdesenvolvido, concentrar-se em apenas umas poucas indústrias, nas quais ele teria vantagens comparativas, significaria sujeitar-se à possibilidade de chantagem econômica.

Jeffries (2006) afirma que a opção norte-coreana pela autarquia se explica sobretudo pela preocupação do regime em garantir a segurança alimentar, tendo em vista a dependência histórica da região em termos de provisão de alimentos e de bens de consumo. Como mencionado anteriormente, durante o período colonial – e mesmo antes disso –, era do sul que provinham os alimentos da região, devido à escassez de terras férteis no norte. Assim, a autarquia alimentar e têxtil era fundamental para que o regime garantisse a sua autonomia política, o que convergia com a ideologia *Zuche* de autossuficiência pregada por Kim Il Sung a partir dos anos 1950. Apesar de a RPDC ter logrado melhorar consideravelmente sua produção agrícola, o governo não deixou de se preocupar com a segurança alimentar. Por causa de seu terreno montanhoso, a RPDC tem apenas 16% de terra arável, o que consiste em um obstáculo natural e insuperável para a produção suficiente de alimentos, mesmo com boas condições climáticas e uso massivo de fertilizantes. Percebe-se, portanto, que a agricultura sempre foi uma das principais fragilidades para os norte-coreanos, apesar dos esforços para superar as dificuldades. Essa era (e continua sendo) uma questão fundamental para a autonomia do regime, que precisava evitar, ao máximo, ficar à mercê de importações de alimentos.

Em decorrência da crescente instabilidade no leste asiático com a escalada do conflito sino-soviético e, sobretudo a partir de 1961, com o golpe militar que derrubou Rhee no sul, a Coreia do Norte ganhava ainda maior importância estratégica. Em dezembro de 1961, foi firmado um amplo acordo comercial entre a URSS e a RPDC para os anos de 1961-1967, exatamente o período do Plano Heptanual, pelo qual se previa um aumento das trocas comerciais bilaterais em uma magnitude de cerca de 80%. A Coreia exportaria metais, cimento, tabaco e bens alimentícios, e receberia da URSS maquinário, outros metais, produtos químicos, petróleo e algodão. Além disso, Moscou também se comprometia a fornecer assistência técnica para uma série de projetos industriais norte-coreanos. Lee (1996) explica que a China também procurava ganhar influência por meio de assistência, e os subsídios econômicos foram a base da relação. Os chineses se utilizaram da assistência financeira e do comércio para afastar Kim Il Sung do campo soviético, mas foi difícil competir com as capacidades financeiras e tecnológicas do rival. Kim Il Sung, capitalizando a rivalidade sino-soviética, extraiu o máximo possível de benefícios econômicos de ambos os aliados. Até 1976, estima-se que a RPDC recebeu cerca de 967 milhões de dólares (entre subsídios e empréstimos) da China, e cerca de 1,5 bilhão da URSS.

O Plano Heptanual prosperou, com altos níveis de crescimento econômico e melhorias no nível de vida da população. Nesse período, o crescimento da Coreia do Norte superava em muito o crescimento da sua vizinha no sul, que ainda enfrentava certa estagnação. Acerca do ímpeto de crescimento norte-coreano nos anos 1950-1960 como um todo, em 1960, apesar de dez em quinze anos terem sido consagrados à guerra e à reconstrução, a produção industrial registrava um volume 7,6 vezes superior ao ano de 1944; em 1964, as indústrias mecânicas forneciam 25,8% do conjunto da produção industrial e a RPDC podia cobrir suas necessidades em máquinas e equipamentos em cerca de 95%.

Além disso, a produção industrial norte-coreana, que em 1946 constituía apenas 28% da produção total do país, passou a representar 75% em 1970. A taxa média de crescimento da indústria, que foi de 36,6% por ano no período 1956-1960, passou para 12,8% ao ano, de 1961 a 1970. Essas mudanças se refletiram também na disposição da população economicamente ativa, composta, em 1946, por 74,1% de camponeses e apenas 18,7% de operários e empregados urbanos, passando a ser 44,4% de camponeses e 52% de operários em 1960 (Suret-Canale; Vidal, 1977, p.60-61). Schwekendiek (2011, p.140), ao comparar os dados oficiais com o de pesquisadores acadêmicos e de órgãos oficiais da Coreia do Sul, conclui que a RPDC crescia a taxas de cerca de 25% a 35% na primeira metade da década de 1960, chegando ao pico de 37%, em 1967 – último ano do Plano Heptanual. É claro que é preciso qualificar esse ritmo de crescimento, considerando-se que o país partia de uma base de desenvolvimento muito baixa após a Guerra da Coreia. Apesar disso, Schwekendiek (2011) aponta como causas dessa expansão o cumprimento – e, por vezes, até transbordamento – das metas dos planos plurianuais das décadas de 1950 e 1960, bem como a enormidade dos gastos governamentais na economia nesse período, chegando a cerca de 70% do orçamento do país.

A evolução da Coreia do Norte no pós-Guerra demonstrou a transposição da ideologia *Zuche* para a esfera do desenvolvimento econômico, também pautado por um projeto de médio e longo prazo que visava a elevação dos níveis de autonomia. Ressalte-se, nesse sentido, que à industrialização e a revolução tecnológica no campo, que permitiram que o país alcançasse altos níveis de crescimento econômico, foram possíveis, em grande parte, graças à calculada estratégia diplomática do regime. No entanto, os ganhos provenientes da hábil diplomacia norte-coreana não eram apenas econômicos, mas também políticos e militares. Assim, um emblemático exemplo da política externa de Pyongyang no contexto de rivalidade sino-soviética foi a assinatura dos Tratados de Amizade, Cooperação e Assistência Mútua entre a RPDC e a URSS, em 6 de julho de 1961, conforme mencionado anteriormente, e entre a RPDC e a China em 11 de julho do mesmo ano. Ambos eram praticamente idênticos – colocavam os Estados envolvidos no compromisso de defesa mútua em caso de ataque de terceiros; a não estabelecer alianças hostis contra o outro; a fortalecer as relações bilaterais; e a apoiar a "unificação pacífica" da Coreia. Porém, enquanto a URSS se preocupava em ressaltar o caráter exclusivamente defensivo do acordo, a China enfatizava, de forma mais belicosa, a luta comum sino-coreana contra o imperialismo norte-americano.

O *Zuche* como diplomacia autonomista

O discurso de Kim Il Sung, por ocasião do IV Congresso do Partido do Trabalho da Coreia, em setembro de 1961, demonstrava a política estabelecida em relação às duas potências socialistas, uma vez que buscava exaltar a ambas na mesma medida. Acerca da URSS, Kim disse:

> Inabalável e eterna são a amizade e a solidariedade entre os povos da Coreia e da URSS, as quais foram firmemente estabelecidas por meio das chamas da luta pela liberdade, e as quais foram desenvolvidas e consolidadas sob o caminho indicado pelo Grande Lenin.

Acerca da China, o discurso é semelhante:

> A amizade militante e a solidariedade firmemente
> estabelecidas entre os povos coreano e chinês por meio de sua
> luta conjunta contra o inimigo comum estão sendo ainda mais
> consolidadas com o passar de cada dia, e não há força que possa
> rompê-las. (Scalapino; Lee, 1972, p.586-587)

Assim, foi possível negociar tratados de amizade com
ambos os países, utilizando-se das relações triangulares e da
neutralidade. Segundo French (2005), quando questionado
acerca de sua posição na rixa entre Moscou e Pequim, Kim Il
Sung simplesmente declarava, sem se comprometer, que estava
do lado do "campo socialista". Kim percebia a importância de
manter a China e a URSS como aliadas, por causa do fortalecimento dos laços existentes entre os EUA e a Coreia do Sul,
da nova reaproximação de Seul com Tóquio e da instabilidade
ainda vivida pela vizinha com a queda de Rhee.

Evidentemente, o regime norte-coreano via com apreen-
são essas mudanças no cenário regional e internacional. Em
resposta, a RPDC lançou, em 1962, no âmbito do V Plenário do
Quarto Comitê Central, um ambicioso programa de militarização da sociedade norte-coreana, que colocava nova ênfase sob a
preparação militar do país, mesmo que em detrimento de parte
dos investimentos econômicos. Nesse contexto, a militarização
era vista como elemento fundamental de reforço da ideologia
Zuche, para garantir a defesa nacional diante das adversidades.
Também nesse sentido, fazia-se premente reunificar a península o mais rápido possível, enquanto a Coreia do Sul ainda
enfrentava certa instabilidade e a ameaça japonesa poderia ser
controlada. Para justificar a militarização internamente, a RPDC
manteve as tensões no Paralelo 38°, incorrendo em pequenas
escaramuças com os EUA ao longo da fronteira (French, 2005).
Além disso, novos eventos complicaram ainda mais as relações
políticas entre os Estados socialistas ao longo de 1962, tais
como a reaproximação entre a URSS e a Iugoslávia, a retomada

das disputas na fronteira sino-indiana e a crise dos mísseis de Cuba.

Mas a política norte-coreana oscilava diante das diferentes conjunturas. Quando Kruschev foi substituído por Kossygin e Brejnev, Pyongyang percebeu a possibilidade de mudanças nas relações com a RPDC. Em fevereiro de 1965, Kossygin fez uma visita à capital norte-coreana assinalando intenções de reaproximação, como ambos os lados desejavam. A Coreia do Norte precisava de assistência técnica e econômica soviética, tanto no campo militar quanto no industrial, a fim de alavancar seu Plano Heptanual e seu programa de militarização. Para a URSS, também era interessante reatar com a RPDC, tendo em vista a continuidade da rivalidade sino-soviética e a recente aproximação político-ideológica entre a China e a Coreia do Norte. Nesse sentido, Hunter (1983, p.197-198) compara esse momento com o distanciamento político anterior (1962-1965):

> Sua estratégia foi bem-sucedida quando, em menos de três anos, os soviéticos bateram à porta de Kim, com uma disposição muito mais receptiva em relação aos pedidos da Coreia do Norte por ajuda. O primeiro-ministro soviético, Kossygin, parando em Pyongyang em seu caminho de volta de Hanoi, em fevereiro de 1965, estava ansioso por obter a cooperação da Coreia do Norte em uma "frente unida" de apoio a Hanoi. Kim Il Sung, temeroso dos bombardeios dos EUA no Vietnã, estava ansioso para obter os equipamentos militares de última geração da URSS, para melhorar o sistema de defesa aéreo norte-coreano. Pelos próximos quatro ou cinco anos, o envio soviético de mísseis, equipamentos eletrônicos avançados e aeronaves modernas ajudaram a inflamar a confiança de Kim na capacidade norte-coreana de dissuadir, ou pelo menos resistir efetivamente, a futuros ataques aéreos.

Em maio de 1965, foi assinado um acordo de assistência militar entre Moscou e Pyongyang e, em junho de 1966, os dois países firmaram mais um acordo de cooperação técnica e econômica. Havia outra razão, talvez ainda mais importante, para que a Coreia do Norte se reaproximasse da URSS. A Coreia do Sul e o Japão haviam finalmente estabelecido relações diplomáticas, após muita pressão dos EUA, ratificando, logo em seguida, um tratado de cooperação econômica. Tal acordo teria importantes implicações para o equilíbrio de poder no nordeste asiático, uma vez que o investimento japonês começaria a entrar com força no sul, estimulando seu crescimento econômico de forma sustentada. Essa aliança trilateral Coreia do Sul-Japão-EUA assustava a RPDC que começou a atacar fortemente a remilitarização do Japão incentivada pelos EUA, conforme exposto no discurso de Kim Il Sung perante a Conferência do PTC de outubro de 1966:

> Os imperialistas norte-americanos reavivaram o militarismo japonês para utilizarem-se dele como "tropa de choque" de agressões na Ásia. Eles aliaram as forças do militarismo japonês aos fantoches sul-coreanos e estão tramando para armar uma "Aliança Militar do Nordeste Asiático". (Kim, 1966, p.36)

Ademais, os norte-coreanos temiam que o Japão voltasse a ser uma grande potência econômica que servisse como modelo bem-sucedido do capitalismo, estimulando os países da região a seguir seu exemplo.

A Coreia do Norte e o Terceiro Mundo

Outro aspecto relevante da busca norte-coreana por uma política externa autônoma, balizada pelo *Zuche*, e complementar à barganha com a China e com a URSS era a relação que o regime tentava construir com os movimentos de libertação na África e na Ásia. Ao apoiá-los, Kim Il Sung tentava romper o isolamento internacional, obtendo maior reconhecimento na esfera externa:

> Enquanto Kim Il Sung e seus seguidores, bem como Mao Tsé-tung, acreditavam que não poderia haver neutralidade para os bons marxistas-leninistas, eles perceberam grandes

> vantagens em cortejar os "neutros" africanos e asiáticos durante esse período. Compreensivelmente, os norte-coreanos estavam ansiosos para obter o máximo de reconhecimento internacional possível e, como seus camaradas chineses, eles viam as melhores oportunidades no mundo afro-asiático. Além disso, eles consideravam que tal jogada contribuía para isolar os EUA da comunidade internacional. Como resultado, líderes como Nehru, Sukarno e Nasser receberam propaganda excessivamente favorável. (Scalapino; Lee, 1972, p.552-553)

Essa diversificação de parcerias se mostrava particularmente importante, em meados dos anos 1960, diante da crescente ruptura do bloco socialista. De forma complementar, a RPDC se mostrava bastante interessada em participar do nascente movimento não alinhado, marcando presença em todas as reuniões em que era convidada. Assim, as autoridades compareceram à Conferência Afro-Asiática de Nova Délhi, em 1955, e louvaram a Conferência de Bandung, apesar de não terem sido convidados para esta última. Além disso, houve uma série de trocas de visitas diplomáticas entre a Coreia do Norte e países terceiro-mundistas. Em 1964, Modibo Keita, presidente do Mali, visitou Pyongyang. Em seguida, o presidente Sukarno, da Indonésia, também o fez. Delegações parlamentares do Congo Brazzaville chegavam a Pyongyang e foram estabelecidas relações diplomáticas com uma série de países africanos, tais como com a Mauritânia. Do lado norte-coreano, também nos anos 1960, uma delegação foi enviada em viagem à Argélia, a Guiné e ao Camboja (Cumings, 1997).

A RPDC manteve, ao longo das décadas de 1970 e 1980, uma forte cooperação com o Terceiro Mundo, especialmente a África. A difusão de Centros de Estudos da Ideia *Zuche* procurava demonstrar independência no movimento comunista internacional e mostrar um modelo que poderia ser atrativo aos países recém-independentes ou em busca de desenvolvimento autônomo. Os resultados foram modestos, mas legitimou o regime internamente, com a sucessão de delegações estrangeiras visitando o país, e abriu a via de cooperação com os países em desenvolvimento.

Em 1975 a RPDC ingressou no Movimento dos Países Não Alinhados e passou a atuar de forma intensa. Colaborou também com o Vietnã do Norte na guerra (enquanto a Coreia do Sul enviava tropas para auxiliar o regime de Saigon), mas após a reunificação do sul, passou, com a China, a apoiar o regime de Pol Pot no Kampuchea (Camboja), contra o próprio Vietnã, o que a afastou desse país. Com a África, houve intensa cooperação nas áreas técnicas (especialmente agricultura) e envio de médicos e instrutores na área militar e de segurança para, por exemplo, Moçambique e Zimbábue, entre outros países. Interessante, o estilo arquitetônico e construção de monumentos teve profunda influência junto aos países do Terceiro Mundo. Em 36 países foram construídos megamonumentos e edificações pelos norte-coreanos.

A RPDC E O TABULEIRO ASIÁTICO

A solidariedade entre Coreia do Norte e Vietnã era estimulada pela situação semelhante que viviam, uma vez que ambos tentavam unificar o país sob a liderança socialista e lutavam contra o "imperialismo ocidental". Todavia, com a Guerra do Vietnã, em 1965, as relações da Coreia do Norte com seus vizinhos socialistas sofrem com novo declínio. Era vergonhoso para a RPDC o fato de que a Coreia do Sul enviara cerca de 50 mil homens para combater no Vietnã do Sul, enquanto não tinha condições de enviar mais do que uma ajuda simbólica ao norte. Ademais, a RPDC cobrava uma ajuda mais expressiva da URSS e da China, que deveriam se unir para enfrentar tal ameaça ao campo socialista. A China, porém, envolvida internamente com a Revolução Cultural e se sentindo menos ameaçada pela possibilidade de um ataque norte-americano a seu território, não estava disposta a cooperar com a URSS em prol do Vietnã (Lee, 1996).

Além disso, a queda de Sukarno, na Indonésia, e a virtual eliminação do Partido Comunista Indonésio (PCI) foram um grande golpe à tentativa norte-coreana de formar um bloco "terceiro-mundista" com os demais pequenos países nacionalistas de esquerda da Ásia. Chama a atenção, nesse sentido, que Kim culpava tanto a China quanto a URSS pela queda do socialismo na Indonésia, já que ambos teriam se descuidado da situação no país. Assim, Scalapino e Lee (1972, p.641) afirmam: "O tom estridente de independência agora sendo exprimido por Kim Il Sung parecia, em alguns momentos, envolver um equilíbrio de hostilidades, ao invés de amizade, em relação a Moscou e a Pequim". Em 1967, o relacionamento entre a Coreia do Norte e a China esfriou, com as críticas mútuas que faziam um ao outro. A primeira, em especial, ressaltava a posição chinesa de não envolvimento na Guerra do Vietnã. Já Pequim, em meio à Revolução Cultural, acusava o líder norte-coreano de ser um aristocrata, bem como um revisionista e um "discípulo de Kruschev". Além disso, fontes oficiais chinesas criticavam também a neutralidade adotada pela RPDC em relação à disputa sino-soviética (French, 2005).

A posterior melhora nas relações com a China, baseada na união contra inimigos comuns na Ásia, foi ainda assinalada pela visita de Zhou Enlai a Pyongyang em abril de 1970. Zhou ofereceu expandir o auxílio militar e econômico a Pyongyang, de forma que, em 1973, a China chegou a figurar como maior fornecedor de auxílio militar ao país, ultrapassando momentaneamente a URSS (Hunter, 1983). Segundo Lee (1996), a ânsia chinesa por realimentar a aliança com a RPDC, sobretudo em termos militares, justificava-se por duas preocupações: (1) a instabilidade que se perpetuava na península coreana, sobretudo com os episódios envolvendo a captura do *USS Pueblo* e a destruição do avião EC-121 pelos norte-coreanos, em 1968 e 1969; (2) o comunicado conjunto emitido por Nixon e pelo primeiro-ministro japonês, Sato Eisaku, em novembro de 1969, pelo qual o Japão considerava a Coreia do Sul e Taiwan como países essenciais para a sua própria segurança e declarava que iria se utilizar da cooperação militar para defender esses territórios em caso de ataques armados na região. Assim, a visita de Zhou à RPDC também rendeu um comunicado conjunto em resposta ao comunicado nipo-americano que reafirmava a aliança militar sino-norte-coreana e denunciava o imperialismo dos EUA, bem como o clientelismo sul-coreano.

Ao mesmo tempo, Pyongyang aproveitou o bom momento nas relações com a China para negociar, com a URSS, a renovação do Tratado de Defesa Mútua de 1961.[2] O acordo foi renovado por um período de mais cinco anos, em 1971, o que permitiu a Pyongyang continuar gozando da proteção soviética, muito embora o relacionamento político bilateral estivesse novamente fragilizado pelo episódio envolvendo a derrubada do EC-121 e pelas constantes críticas de Kim Il Sung ao "revisionismo" soviético (Kim, 1976). Assim, no fim dos anos 1960, o regime demonstrava grande otimismo no campo político interno e externo. O otimismo no âmbito político interno se explicava pela estabilidade interna que havia sido lograda após os expurgos de 1956-1958 e por toda uma nova geração de coreanos que haviam sido formados (e beneficiados) no nacionalismo militante defendido pelo PTC e que eram fiéis ao líder, ao Partido e ao Estado. Já no âmbito político externo, ainda que a reunificação parecesse cada vez mais improvável e a RPDC continuasse relativamente isolada do mundo não socialista, a euforia se justificava pela relativa autonomia conquistada por Kim Il Sung em suas relações com a URSS e com a China:

> O pequeno Estado de Kim, imprensado entre dois briguentos gigantes comunistas, logrou sobreviver sem ter de capitular-se a nenhum deles. De fato, por meio de um processo de barganha com um lado e com outro, Kim e seu Partido estabeleceram certa independência e "neutralidade". (Scalapino; Lee, 1972, p.559)

---

[2] O Tratado de Defesa Mútua entre a Coreia do Norte e a China de 1961 não precisava de renovação, pois tinha validade por um período ilimitado.

Portanto, o objetivo máximo de política externa do regime da Coreia do Norte, conforme expressado pelo *Zuche*, era a autonomia nas relações internacionais que, por sua vez, estava sendo obtida por meio de uma estratégia bem calculada com dois eixos básicos. Um deles dizia respeito ao temor da China, ainda existente, da deflagração de novo conflito com os EUA na península – possivelmente com algum envolvimento japonês –, levando a uma retomada da Guerra da Coreia que poderia novamente ameaçar a fronteira nordeste da China. Por esse motivo, relacionado também à crescente aproximação dos EUA com o Japão, a China tendia a se aproximar da Coreia do Norte, disposta a garantir a manutenção do país como zona tampão.

O segundo eixo concernia à escalada das rivalidades entre a China e a URSS, após a morte de Stalin, situação que permitia à Coreia do Norte tirar vantagem das tensões existentes entre as duas grandes potências socialistas, sem ter de se submeter aos ditames de uma ou de outra. Essas vantagens podem ser divididas em três esferas: (1) vantagens econômicas, isto é, obtenção de assistência técnica e subsídios para viabilizar os planos de desenvolvimento do regime; (2) política, substanciada em apoio ao regime na arena internacional; (3) militar, ou seja, proteção perante a presença dos EUA no sul da península e diante da recente aliança da superpotência capitalista com o Japão, bem como fornecimento de equipamentos militares para a indústria de defesa norte-coreana. Isso não significou relações estáveis entre a Coreia do Norte e seus dois grandes aliados. Pelo contrário, representou constantes oscilações na relação com um e com o outro nas diferentes conjunturas.

5. Do apogeu às adversidades
(anos 1970-1980)

A RPDC diante da aliança sino-americana

O estabelecimento da aliança sino-americana, no início dos anos 1970, teve profundo impacto no sistema mundial e em especial no leste da Ásia, influenciando fortemente a estratégia de política externa da Coreia do Norte. A nova política externa que a China passou a desenvolver teve início em 1971 com a Diplomacia do Ping-Pong, voltada contra a URSS. Nesse ano, Kissinger visitou a República Popular da China, que passou a ocupar o lugar de Taiwan no Conselho de Segurança da ONU. No ano seguinte foi a vez de Nixon se encontrar com Mao, estabelecendo o diálogo da RPC com os EUA e o Japão. Foram reatadas as relações diplomáticas com ambos em 1978, ano em que iniciou a reforma e a abertura da economia chinesa, com a política das Quatro Modernizações.

Conforme Lee (1996, p.65):

> Apesar da promessa incondicional de Zhou Enlai de travar "luta intransigente e resoluta" contra o imperialismo dos EUA e contra o militarismo japonês, os chineses estavam prontos para dar as boas-vindas e corresponder à abertura pacífica de Richard Nixon. Após seus conflitos fronteiriços de larga escala com a URSS,[1] em 1969, eles estavam profundamente cientes da superioridade tecnológica e estratégica das forças soviéticas estacionadas na Sibéria e na Mongólia. Os chineses

---

[1] Ao longo de 1969, a China entrou em confronto militar com a Rússia pela posse das Ilhas Zhenbao (ou Damansky), no Rio Ussuri, e por algumas partes da província chinesa de Xinjiang, no noroeste do país.

sentiram que qualquer cooperação com os EUA os ajudaria em seu dilema de segurança com a URSS. Como Nixon, eles praticavam a política clássica de contrabalançar uma potência contra a outra.

Além do progressivo relacionamento triangular estratégico com EUA e URSS havia outros objetivos políticos chineses: melhorar seu *status* diplomático após a desastrosa Revolução Cultural, conter o poder japonês, incrementar o comércio com os EUA, enfraquecer as capacidades diplomáticas e militares de Taiwan e mitigar as tensões na península coreana. De fato, essa última meta chinesa também pode ser vista como condição fundamental para que a aproximação com os EUA prosperasse, uma vez que os norte-americanos ainda detinham considerável força militar na Coreia do Sul. Antes, essa presença bélica era vista como uma ameaça preocupante, como um dos principais motivos que justificavam a proteção e o auxílio fornecido pelos chineses à RPDC, praticamente tão grave quanto a crescente tensão com a URSS. A partir dos anos 1970, graças a esse novo e inusitado diálogo com os EUA, passa a interessar mais à China, em termos políticos e econômicos, conter o tom belicista da Coreia do Norte e garantir a estabilidade regional do que manter a postura de hostilidade anti-EUA expressa até então (Park, 1983).

Portanto, para a China, a península coreana, que vinha desempenhando o papel de zona tampão para evitar um confronto direto com a URSS e com os EUA, mudava de significado estratégico. Agora, o espaço de barganha da Coreia do Norte diminuía, embora seguisse existindo graças à rivalidade sino-soviética. Antes, a aliança com a Coreia do Norte representava um trunfo estratégico para a China diante da URSS, dos EUA e do Japão. Agora, a Coreia do Norte ainda representava um trunfo contra os soviéticos, mas se tornava um incômodo com relação aos EUA e ao Japão. Sobretudo pelo fato de que Kim Il Sung não parecia disposto a refrear seu discurso antiamericano, nem a abrir mão de sua política de reunificação da península por meio da expulsão dos mesmos.

A primeira interpretação oficial norte-coreana sobre as novas circunstâncias foi lançada em agosto de 1972:

> A viagem de Nixon a Pequim "não era a marcha de um vencedor, mas a viagem de um derrotado". O prolongado esforço de isolar e bloquear a República Popular da China havia terminado em fracasso total, como mesmo o "líder do imperialismo americano" tinha de admitir agora. Com suas investidas na Indochina, na Coreia do Sul e em Taiwan também falidas, os EUA não tinham escolha a não ser reconhecer o poder da grande República Popular da China. Nenhuma força, contudo, poderia destruir a amizade e a solidariedade "seladas em sangue" entre os povos da Coreia e da China. (Scalapino; Lee, 1972, p.669)

Apesar de tal discurso norte-coreano, Mao teve muita dificuldade em convencer Kim de que seu apoio ao regime seria mantido e que isso não significava qualquer alinhamento mais profundo com os EUA. Além de ter o apoio político e militar de Pequim ao regime reassegurado, a Coreia do Norte também logrou firmar novos acordos de cooperação econômica com a China, obtendo vantagens conjunturais com a nova situação. O fato de a Coreia do Norte ainda haver conseguido obter benefícios, nesse momento, com a aproximação Pequim-Washington, mantendo a estratégia de barganha nacionalista, está relacionado às considerações securitárias que Pequim ainda tinha quanto à influência soviética sobre a península em um momento de rivalidades crescentes com Moscou. Provavelmente, esse esforço chinês de reafirmar a aliança com os norte-coreanos também é justificado pelo fato de que o diálogo com Nixon, em 1972, era muito incipiente, de forma que a situação ainda podia mudar. Entretanto, à medida que a aproximação sino-americana se consolida e que a URSS tem de fazer frente a outros desafios, o espaço de manobra de Kim Il Sung se torna cada vez mais estreito.

O diálogo Nixon-Mao, iniciado em fevereiro de 1972, e a aceitação de Pequim em servir de baluarte contra o avanço da influência política e do poderio militar soviéticos na Ásia (Diplomacia Ping-Pong) tiveram duas outras consequências importantes para a Coreia do Norte. Em primeiro lugar, Kim Il Sung viu a atitude de Pequim como uma clara traição à luta comum travada contra o imperialismo norte-americano e passou a ver a China com desconfiança. Isso significava, em última instância, o início de certo distanciamento ideológico entre os dois países. Em segundo lugar, por causa da possibilidade de a China não apoiar a RPDC em caso de agressão norte-americana, era imperioso buscar algum diálogo com a Coreia do Sul.

Muito embora Kim Il Sung não tenha desistido da ideia de reunificar a península sob a liderança de seu regime, e de manter ferrenho discurso anti-imperialista, o Grande Líder tinha plena consciência de que a Coreia do Norte não reunia condições de enfrentar, sozinha, uma guerra contra os EUA naquele momento. Por um lado, a desconfiança de que a China pudesse não apoiar a RPDC em um novo confronto, por si só, parece demonstrar que a barganha nacionalista de Kim começava a enfraquecer-se. Por outro lado, responder positivamente ao pedido chinês de estabilização da península, naquele momento, parecia abrir novas possibilidades de barganha a Pyongyang, que esperava ser recompensada por essa atitude.

Nesse sentido, em 1972, estabeleceram-se conversações de alto nível entre Seul e Pyongyang, que conduziram a uma relativa *détente* intercoreana. Afinal, a Coreia do Sul também se sentiu ameaçada pela aliança sino-americana. Em contrapartida, ainda em 1972, a China lançou um novo pacote de auxílio econômico e militar para o país vizinho. Como assinala Lee (1996, p.68),

> Os chineses acolhiam o diálogo entre Pyongyang e Seul (...). Ainda que reiterando seu comprometimento para com a defesa norte-coreana e expressando preocupação acerca da modernização militar sul-coreana, os chineses esperavam que o Comunicado Intercoreano servisse como quadro para a institucionalização da cooperação pacífica e da estabilidade militar na península coreana. Eles estavam receosos de que uma

escalada das tensões na Coreia poderia perturbar o frágil novo relacionamento chinês com os EUA e com o Japão, ou que a URSS poderia tirar vantagem da situação instável para avançar com seus interesses estratégicos de longa data na Coreia.

As transformações econômicas nos anos 1970

Desde o início dos anos 1970, estimulada pela industrialização japonesa e pela "revoada dos gansos", a Coreia do Sul começou a adotar seu ousado projeto de industrialização – a *Yushin* (Reforma Revitalizadora), visando se tornar um Tigre Asiático. Com base nesse projeto, o país passou a promover a capacitação tecnológica, fortemente coordenada pelo Estado, com vistas a incrementar o poder nacional. Tal processo, por sua vez, levou a uma verdadeira arrancada econômica, com a constituição dos conglomerados empresariais conhecidos como *Chaebol*. Entretanto, é importante avaliar a evolução política sul-coreana.

A Coreia do Sul viveu sob regimes autoritários até o início dos anos 1990 (o toque de recolher vigorou de 1945 a 1982). Em 1945, o país estava sob controle militar norte-americano direto, que buscava formar grupos de apoio com vistas à constituição de um novo governo. A elite agrária, funcionários e policiais que serviram aos japoneses, bem como religiosos (católicos e protestantes) e nacionalistas vinculados ao Ocidente eram, geralmente, os escolhidos. Syngman Rhee foi indicado como líder e exerceu uma ditadura civil por mais de uma década, reforçada pela repressão aos movimentos populares e pela guerra. Em 1960, protestos generalizados levaram à sua derrubada e a um breve interregno democrático e progressista. Um ano depois, o general Park Chung Hee, eleito e reeleito de forma fraudulenta por quatro vezes, se consolidou no poder. Seu governo foi uma ditadura militar repressiva, mas industrialista e, no final, buscou obter autonomia frente aos EUA, provavelmente responsáveis pelo seu assassinato, cometido pelo diretor da Korean Central Intelligence Agency (KCIA, a Agência Central de Inteligência Coreana), Kim Jae-kyu, em 1979.

Seguiu-se um novo interregno democrático, com intensa mobilização popular, que culminou em um golpe militar um ano depois, liderado pelo general Chun Doo Hwan. Logo em seguida, ocorreu o levante de Kwangju, cidade ao sul, que foi dominada pelos revoltosos. A retomada da cidade pelo exército produziu centenas de mortos e milhares de feridos. O general obteve a vitória de seu indicado, o general Roh Tae Woo, em 1988, quando ocorreram os jogos olímpicos de Seul. Seu sucessor designado, Kim Young Sam, venceu as eleições presidenciais para o mandato de 1993 a 1997, quando eclodiu a crise financeira asiática.

A crise econômica e o desgaste político do regime permitiram a eleição oposicionista civil de Kim Dae Jung, que estabeleceu a distensão com o norte. Em 2003, o advogado e defensor dos Direitos Humanos Roh Moo Hyun venceu as eleições, mantendo o diálogo e a cooperação com a RPDC e as políticas sociais. O governo Bush e os conservadores sul--coreanos exerceram enorme pressão sobre ele, afastando-o com um *impeachment.* Mas, logo, ele logrou retornar ao poder pelas eleições. Roh Moo Hyun foi sucedido pelo direitista Lee Myung Bak (2008-2013) e, depois, pela conservadora Park Geun Hye, tendo, ambos, uma atitude de confronto e tensão com o norte. Portanto, a vida política da Coreia do Sul foi caracterizada por governos autoritários até o fim da Guerra Fria.

No início dos anos 1970, a RPDC, por sua vez, começava a esgotar o potencial de desenvolvimento extensivo de sua indústria com base em sua própria tecnologia, na tecnologia soviética e na tecnologia japonesa da época colonial. Por isso, teve de voltar-se ao Ocidente e ao Japão para a compra de plantas industriais completas, reduzindo parcialmente seu isolamento e aumentando sua dívida externa. Mesmo assim, os planos de sete anos lançados na década de 1970 não lograram atingir suas metas, reduzindo substancialmente o ritmo de crescimento.

De fato, o plano de seis anos introduzido de 1971 a 1976 – mas estendido até 1978 – tinha como foco o avanço tecnológico da economia e visava substituir a maquinaria obsoleta importada ao longo da década de 1950. Reconhecendo o declínio pronunciado de sua produtividade, bem como o fato de que o movimento Chollima e as mobilizações de massas que se seguiram não conseguiam substituir totalmente os investimentos de capital, o governo foi forçado a comprar novas máquinas, e mesmo fábricas inteiras, da França, do Reino Unido e do Japão – seus antigos inimigos capitalistas. Essas importações, por sua vez, foram possíveis por dois fatores: no plano político, pelo ambiente de *détente* da Guerra Fria, que facilitava o intercâmbio comercial Leste-Oeste – ainda que esse fosse contrário ao *Zuche*; e, no plano econômico, pela redução do orçamento militar, que havia chegado a representar cerca de 30% do PIB norte-coreano, em 1967.

Mesmo com a redução das despesas bélicas, contudo, as importações feitas nesse período significaram um grande aumento da dívida pública norte-coreana, a qual, a partir daí, se tornaria um problema cada vez mais grave para a manutenção da autonomia e para a credibilidade internacional do país. Assim, o endividamento externo aumentou de 3 milhões de dólares, em 1970, para 375 milhões de dólares, em 1973, e para 1,2 bilhão de dólares em 1975 (Schwekendiek, 2011).

Esse quadro econômico tem dois significados primordiais. Em primeiro lugar, percebe-se que a ajuda econômica proveniente da China e da URSS, obtida por meio da barganha nacionalista, já não estava mais sendo suficiente para suprir as necessidades de desenvolvimento do regime. Em segundo lugar, a situação indicava que a transposição da ideologia *Zuche* para o campo econômico, a meta de obtenção da autossuficiência, não estava sendo bem-sucedida. Pelo contrário, o aumento do endividamento externo e a necessidade de importar dos países capitalistas parecem indicar que a política econômica do governo, em última instância, acabou aprofundando a dependência do país em termos econômicos. Quanto maior fosse a dependência econômica do regime, porém, maior a necessidade de uma barganha política bem-sucedida. Daí a necessidade de reformular a barganha nacionalista, adaptando-a às novas circunstâncias. Não obstante, o regime encontrará dificuldades cada vez maiores de refazer sua estratégia de política externa até os anos 1990.

Além disso, a partir de 1976, a China passou por grandes transformações políticas e econômicas. Quando Deng Xiao Ping se firma no governo, começa a prevalecer na China uma visão mais moderada de política externa, com ênfase ainda maior na prioridade da estabilidade regional para impulsionar o desenvolvimento econômico interno. Em 1978, foi implementado o Programa das Quatro Modernizações, para alavancar a economia chinesa, ao mesmo tempo que se assinava o Tratado de Paz e Amizade com o Japão e se restabeleciam oficialmente as relações diplomáticas com os EUA. Diante de tudo isso, a China não tinha interesse de envolver-se em qualquer confronto na Coreia e continuou a pressionar o norte para entender-se com o sul. Nesse contexto, a barganha nacionalista de Kim Il Sung ficou ainda mais fragilizada, conforme se consolidava o entendimento chinês com os EUA e, na China, os interesses econômicos passavam a prevalecer sobre a lógica de rivalidade estratégica da Guerra Fria. Assim, tornava-se mais difícil utilizar-se das relações políticas com a China para pressionar a URSS.

Não obstante todas essas mudanças conjunturais e o efeito delas para a política externa do regime, a barganha nacionalista ainda era possível, em certa medida, uma vez que a China continuava receando a possibilidade de conflito com a URSS e buscando evitar a expansão da influência soviética na Ásia. Portanto, Pequim fazia certas concessões a Pyongyang para evitar que ela recaísse sob a influência da URSS, inclusive em termos econômicos – ainda que a assistência econômica soviética continuasse sendo mais robusta que a chinesa. Assim, em janeiro de 1976, foi inaugurado o Gasoduto da Amizade Sino-Coreana, que levaria o petróleo de Daqing, na China, para o território norte-coreano.

Ademais, após a visita do primeiro-ministro chinês, Hua Guofeng, a Pyongyang, em 1978, a China concordou em ampliar o volume de suas exportações de petróleo à Coreia do Norte, mantendo-o subsidiado em 4,5 dólares por barril, bem abaixo do preço de mercado. Também foram enviados engenheiros e técnicos à Coreia do Norte para a construção de refinarias de petróleo, plantas petroquímicas e outras indústrias de base. Por fim, houve aumento considerável do comércio bilateral ao longo de boa parte dos anos 1970, indo de cerca de 92 milhões de dólares, em 1969, para 454 milhões em 1978.

As dificuldades dos anos 1980

A partir dos anos 1980, inverte-se drasticamente a situação econômica da península coreana. A Coreia do Sul aprofundava seu desenvolvimento econômico e sua inserção asiática – particularmente em direção à China e aos países do Sudeste Asiático, com uma ativa política de investimentos, comércio e realocação de indústrias. Entretanto, ao mesmo tempo que a sociedade sul-coreana passava por esse processo de modernização e urbanização, acompanhado pela melhoria do nível de vida – ainda que sob um regime autoritário –, a Coreia do Norte sofria forte desaceleração econômica, por causa da crise e estagnação soviética e das reformas econômicas chinesas, que acabaram por aproximar Pequim de antigos rivais, levando a divergências com Pyongyang. Ademais, o próprio modelo econômico utilizado pela Coreia do Norte, em conformidade com a ideologia *Zuche*, a autarquia e o processo de industrialização com base na substituição de importação, passou a barrar o crescimento econômico, forçando o regime a encontrar novas alternativas.

O Segundo Plano Heptanual do regime, para o período 1978-1984 – estendido até 1986 –, estabelecia uma série de medidas que buscavam poupar o já escasso capital do país. Em primeiro lugar, o plano tinha como objetivo a modernização da economia por meio da automatização e da melhoria do gerenciamento e produção, bem como da logística, tais como a centralização e o uso de *containers* do sistema de transportes. Em segundo lugar, para aplicar ciência e tecnologia na economia, o plano reformou o sistema educacional, priorizando a formação de técnicos e engenheiros. Por fim, foram introduzidas as primeiras, ainda que tímidas, tentativas de reformas para a liberalização da economia, concedendo a gerentes industriais maior autonomia de decisão para alocar trabalho, matéria-prima, equipamentos e financiamentos, a fim de alcançar as cotas determinadas pelo governo.

Um dos principais sintomas da estagnação econômica norte-coreana que se anunciava era a escassez de alimentos e bens de consumo básicos, cujos primeiros sinais datavam do início da década de 1970, quando a quantidade de alimentos distribuída pelo SDP foi reduzida em 13% – aproximando-se ao racionamento feito durante a guerra. Essa situação se deteriorou no início dos anos 1980, quando a distribuição de alimentos foi estancada por vários meses. Foi nesse contexto que o governo norte-coreano foi forçado a relaxar um pouco seu rígido controle sobre a economia, estabelecendo as primeiras medidas de mercado, ainda que bastante modestas (French, 2005).

Em 1982, o governo teve de permitir que os mercados agrícolas existentes, que até então só tinham permissão para funcionar de três a quatro vezes por mês, abrissem diariamente. E, em 1984, tendo dificuldades para suprir também as necessidades não alimentícias da população – especialmente por têxteis –, o governo introduziu o Movimento para Bens de Consumo de Três de Agosto, também no âmbito do Plano Heptanual. Esse movimento objetivava a utilização de recursos de fábricas e fazendas locais para produzir bens de consumo, os quais podiam ser vendidos de forma descentralizada, em mercados locais. Esses representavam, portanto, os primeiros mercados privados, ainda que de pequena escala, da economia socialista norte-coreana.

Não obstante, até a primeira metade da década de 1980, o regime de Kim Il Sung tinha a ganhar com a rivalidade e a competição ainda existente entre a China e a URSS. De fato, apesar da oscilação de atitudes ambivalentes em relação a Moscou durante os anos 1960 e 1970, a Coreia do Norte voltou a cortejar os soviéticos nos primeiros meses de 1979. Durante sua visita a Moscou, em janeiro, o vice-presidente da Coreia do Norte, Park

Sung Chul, firmou um tratado bilateral que permitiria à URSS estabelecer uma base naval na costa leste, em Nanjin, próximo à base de Vladivostok. Em troca, a Coreia do Norte receberia uma esquadrilha de MiG-23s, caças soviéticos de tecnologia avançada. Além disso, houve grande aumento no comércio bilateral URSS--RPDC. No início dos anos 1980, a URSS respondia por cerca de um quarto do comércio norte-coreano, ao passo que, em 1985, o comércio com os soviéticos já representava 55%.

A renovação da aliança com a URSS era uma resposta à aproximação da China com os EUA e com o Japão, e viabilizou, até certo ponto, a continuidade da barganha a partir da rivalidade sino-soviética no início dos anos 1980. Nesse sentido, segundo Lee (1996, p.70):

> No início dos anos 1980, os chineses competiam vigorosamente com a URSS para cortejar Pyongyang por meio de garantias de segurança, patrocínio diplomático, e assistência econômica (...). Os chineses não podiam se dar ao luxo de perder a Coreia do Norte como aliada militar ou de vê-la apoiar a estratégia soviética na região do Pacífico: se a Coreia do Norte permitisse que a URSS aquartelasse divisões na península ou utilizasse Nanjin ou Nampo como bases navais, a segurança da China estaria ameaçada. Como havia sido durante a Guerra da Coreia, os chineses acreditavam que qualquer força militar estrangeira na Coreia do Norte ameaçaria seus interesses na região Nordeste e no Mar Amarelo. Dada a deterioração das relações da China com outros países socialistas, tais como Vietnã, Cuba, Mongólia e Albânia, a importância relativa da Coreia do Norte ampliou-se.

Isso não significa que não houvesse divergências políticas entre Pequim e Pyongyang sobre uma série de temas cruciais para ambos. Duas questões em específico vinham interferindo substancialmente na aliança: a reunificação da península coreana e as relações com os EUA e o Japão. A primeira, sob os moldes norte-coreanos, era altamente prioritária e urgente para

Kim Il Sung, que via a meta cada vez mais distante à medida que Seul se desenvolvia, mas não o era para Pequim, que preferia garantir a paz e estabilidade na península, de forma que esta não interferisse em seu próprio desenvolvimento econômico. Conforme afirmava Choi (1983, p.239),

> A China não deseja alocar os grandes recursos que seriam necessários para apoiar um conflito na Coreia, dado que sua principal preocupação é com os programas de modernização. Os chineses não desejam minar seu programa de modernização e sua necessária relação de cooperação com os EUA, com o Japão e com outros países ocidentais, a qual é essencial para fortalecer a posição chinesa em relação à União Soviética.

De forma complementar, Lee (1996, p.79) argumenta que, não obstante essa nova postura diplomática chinesa, Pequim ainda necessitava de Pyongyang no plano estratégico:

> Os chineses não desejavam ver outra Guerra da Coreia, pois, condicionados por suas obrigações explícitas em tratado, lhes seria difícil não oferecer ao menos assistência indireta. Tal envolvimento poderia debilitar seus programas de modernização econômica e tensionar seus laços de cooperação com os EUA e com o Japão. Se, no entanto, eles decidissem não apoiar a Coreia do Norte, a URSS poderia colher uma distinta vantagem na Coreia do Norte, à custa da China (...) Durante os anos 1980, portanto, o objetivo imediato da política chinesa na Coreia era reduzir as tensões e fomentar o diálogo, ao invés da confrontação entre as partes.

Nesse sentido, sempre que possível, as autoridades chinesas reafirmavam aos EUA e ao Japão que Kim Il Sung não possuía nem intenção, nem capacidade para atacar a Coreia do Sul, bem como que a China não apoiaria tal invasão. A China se aproximara dos EUA e do Japão para contrabalançar a influência e o poderio soviéticos na Ásia. Ademais, tal postura era importante para os programas de modernização que Deng Xiao Ping vinha implementando.

Da Nova Guerra Fria à Perestroika de Gorbachov

A nova política externa chinesa foi fortemente ressentida pelos norte-coreanos, enfraquecendo os laços de solidariedade entre as nações. A RPDC continuava vendo os EUA e o Japão como principais inimigos da nação e ameaças ao regime, pois, com a ascensão de Reagan à presidência norte-americana, em 1981, os EUA incrementaram mais uma vez seu comprometimento militar com a península, ampliando a presença bélica para 43 mil homens e vendendo aviões F-16 para a Coreia do Sul. Os objetivos de Reagan eram posicionar Washington contra Pyongyang, como parte de uma estratégia maior para combater o comunismo e a URSS em uma lógica de recrudescimento da Guerra Fria.

A Coreia do Norte, em resposta, manifestou apoio quando os soviéticos, em setembro de 1983, derrubaram um avião da Korean Airlines (KAL 007) que sobrevoava território militar. Em outubro, por sua vez, houve um atentado na Birmânia que matou quatro oficiais sul-coreanos. O presidente Chun, visado pelo ataque, salvou-se por estar atrasado. Tais episódios levaram ao aumento da presença armamentista dos EUA na Coreia e demonstram como a Coreia do Norte, politicamente, voltou-se mais para a URSS e tentou atrair a atenção da China por meio do recrudescimento das tensões regionais.

Além disso, a política interna norte-coreana também passava por importantes transformações. Apesar de reeleito presidente em 1982 pela VII Assembleia Suprema do Povo, Kim Il Sung já estava com 70 anos e, devido a problemas de saúde, entrou em uma espécie de semiaposentadoria, transferindo cada vez mais suas tarefas de governo para o filho, Kim Jong Il. Na verdade, já em 1980 Kim Il Sung decretou oficialmente que seu filho o sucederia como líder da nação, promovendo-o na hierarquia do Politburo do PTC. Tinha início, portanto, a sucessão dinástica de poder de pai para filho, planejada com cuidado pelas lideranças norte-coreanas para evitar que o regime sofresse qualquer descontinuidade. O neoconfucionismo, como visto antes, foi a base ideológica que fundamentou essa transição (French, 2005).

A situação norte-coreana agravou-se, na segunda metade dos anos 1980, com a reconciliação sino-soviética, que diminuía consideravelmente a margem de manobra norte-coreana. O reatamento sino-soviético concretizou-se com a visita de Gorbachov a Pequim em 1989. Para culminar, o soviético normalizou também as relações com o Ocidente, passando a convergir com os EUA e reconhecendo a Coreia do Sul em 1990 – uma atitude considerada, pela Coreia do Norte, como uma grande traição. Da mesma forma, a China, em meio às mudanças estruturais na economia, e com um corolário de política externa que pregava, acima de tudo, a paz e o desenvolvimento socioeconômico, além de reatar as relações com a URSS, passou a aproximar-se cada vez mais dos países ocidentais.

Isso não significou rompimento da cooperação político-militar sino-norte-coreana. Quando o governo chinês reprimiu a manifestação de Tiananmen, em 1989, não apenas a Coreia do Norte apoiou Pequim, em nome da conservação do sistema socialista, como a Coreia do Sul evitou tomar posição ao lado do Ocidente, e foi um dos primeiros países a retomar a cooperação econômica com o país. Assim, a China obteve na península coreana o melhor dos cenários. Com Pyongyang, Pequim estreitava os laços político-militares, pois o socialismo não poderia sofrer outra derrota, que afetaria o equilíbrio interno da China, privando-a simultaneamente de um importante ponto de apoio para sua defesa.

Apesar disso, as dificuldades em utilizar a posição geopolítica para barganhar assistência econômica nesse novo contexto de esfriamento da Guerra Fria, combinadas ao aprofundamento da crise soviética e às reformas (Perestroika), afetaram substancialmente a economia norte-coreana. O impacto foi grande quando, em 1987, a URSS introduziu o comércio baseado em preços internacionais e moedas conversíveis, bem como cortou grande parte da assistência econômica ao país, levando o governo a reduzir ainda mais a quantidade de alimentos distribuídos pelo SDP em 10%, o que agravou a escassez de alimentos que vivia o país.

Nesse mesmo ano, o governo adotou o Terceiro Plano Heptanual para o período de 1987 a 1993 (estendido até 1995), no qual repetia as metas dos planos anteriores, mas também procurava atrair investimento externo direto, além de estabelecer *joint ventures* – para o que contou com grande apoio chinês. Schwekendiek (2011, p.129) afirma que

> Com o colapso do bloco oriental e com a dívida externa em cerca de 4 a 5 bilhões de dólares, no fim dos anos 1980, o governo tinha poucas opções econômicas que não fosse a abertura econômica do país para receber capital estrangeiro. Já no início dos anos 1980, Kim Il Sung visitou a China para inspecionar sua Lei de Joint Ventures. Pequim tentou convencer a RPDC a também estabelecer Zonas Econômicas Especiais para atrair investimento externo direto e tecnologia, em troca de tarifas alfandegárias especiais e mão de obra barata.

Nesse contexto, Pequim pressionou a Coreia do Norte para que adotasse reformas liberalizantes em consonância com sua própria política interna, marcada à época pelo ímpeto reformador e pelo desenvolvimento econômico "a convite", graças ao grande volume de investimento norte-americano. Assim, apesar da forte resistência de alguns setores mais conservadores do regime norte-coreano, a China logrou que o país lançasse uma legislação de *joint ventures*, em 1984, e fundasse, em 1986, a Companhia Coreana de Joint Ventures Internacionais para atrair capital estrangeiro. Isso era mais um sintoma, no entanto, que o *Zuche* econômico norte-coreano havia atingido o limite e que sua barganha nacionalista estava debilitada, o que restringia sua margem de negociação e de autonomia em suas relações internacionais.

Apesar de obter um volume significativo de investimentos japoneses,[2] o empreendimento norte-coreano fracassou, em grande parte, por causa da escassez de investimentos ocidentais. Segundo Schwekendiek (2011, p.130), essa dificuldade em atrair investimentos ocidentais deve-se, em grande parte, à falta de credibilidade do país nos meios empresariais:

> Além de considerar a falta de infraestrutura e a crise energética, os estrangeiros tinham pouco interesse em enviar dinheiro a um país notoriamente conhecido como devedor. Ademais, vários outros incidentes políticos levantaram sérias preocupações dentre os investidores estrangeiros (...): em 1983, a RPDC instalou uma bomba na Birmânia e, em 1987, agentes norte-coreanos explodiram um avião sul-coreano.

A RPDC DIANTE DA CRISE SOVIÉTICA

Nesse contexto, o regime procurou também suavizar as tensões na península, o que foi bastante facilitado pela ascensão de Roh Tae Woo ao governo na Coreia do Sul, em 1988. Roh adotou uma política de engajamento – em vez de hostilidade – em relação à RPDC, a chamada *Nordpolitik*. Nesse contexto, Reagan flexibilizou sua postura diante do norte e, em uma visita a Seul em outubro, aprovou publicamente a *Nordpolitik* – ao que se seguiu a realização de 34 encontros entre oficiais dos EUA e da RPDC entre 1988 e 1993. Assim, os EUA passaram a considerar menos provável a irrupção de uma nova guerra na península, a qual deixou de ser prioridade na agenda de segurança do país. Mais um sintoma de que o país perdia relevância geopolítica para as potências e, portanto, começava a ser forçado a flexibilizar sua doutrina de autonomia, tanto em termos econômicos – tentativa de abertura a investimentos externos e

---

[2] Esses investimentos japoneses eram decorrentes, sobretudo, da grande comunidade de imigrantes norte-coreanos residentes no Japão – muitos dos quais foram conduzidos à força ao país durante o colonialismo japonês (Schwekndiek, 2011).

aumento do endividamento –, como em termos políticos – uma vez que teve de ceder às pressões de aproximação com a Coreia do Sul e com os EUA.

Apesar de a Coreia do Norte continuar procurando a autonomia, sua estratégia de barganha geopolítica, até então centrada, sobretudo, na rivalidade sino-soviética e nos temores securitários da China em relação a sua fronteira nordeste, teve de ser reestruturada diante da nova conjuntura. A barganha nacionalista geopolítica continuou sendo a principal ferramenta de ação do regime de Kim, mas ficou cada vez mais enfraquecida à medida que os interesses chineses para a região foram alterados.

Ainda que o cenário fosse desfavorável, a persistência de uma situação de rivalidade entre a China e a URSS permitia certa continuidade da barganha nacionalista, que ainda rendeu algumas concessões e garantias de proteção por parte da China à Coreia do Norte até meados dos anos 1980. Em fins dessa década, contudo, à medida que a URSS entra em crise e a Guerra Fria perde ímpeto, o regime norte-coreano passa a enfrentar dificuldades ainda maiores para sustentar sua política externa de *Zuche* e para barganhar com as potências. O ímpeto chinês de modernização e de cooperação econômica com os países da região passa a preponderar sobre suas pendências securitárias, de forma que a Coreia do Norte perde importância no cálculo estratégico da China.

Na virada dos anos 1990, a barganha nacionalista torna-se insustentável e emergencialmente passa a ser reformulada em um contexto repleto de reveses para o regime: crise alimentar, desastres naturais arrasando as colheitas e, por fim, a morte do Grande Líder. A recuperação norte-coreana e o relançamento da barganha nacionalista, a partir dos anos 1990, estão ligados de modo intrínseco à maturação do projeto de desenvolvimento de tecnologia nuclear em implementação pelo regime desde os anos 1950.

É possível divisar, portanto, dois momentos distintos na evolução político-econômica da Coreia do Norte e no seu relacionamento com a China, ao longo da Guerra Fria. O primeiro período, de 1953 a 1972, é quando se dá a consolidação do sistema político e econômico do regime, bem como a elaboração de sua política externa. A autonomia, que já vinha sendo uma questão fundamental para os norte-coreanos, pelo menos desde o imperialismo japonês, é formalizada, no âmbito da ideologia *Zuche*, como objetivo e princípio máximo da política externa e interna do regime norte-coreano.

A estratégia para alcançar o *Zuche*, entendida como uma barganha nacionalista, também começa a ser aplicada nesse momento. Sua lógica baseava-se nas considerações securitárias da China acerca de um possível conflito com os EUA e com o Japão, de um lado, ou com a URSS, de outro. Nesse cenário geopolítico, a Coreia do Norte ocupava posição de destaque no cálculo estratégico chinês como zona tampão, essencial para a proteção da fronteira nordeste. A Coreia do Norte, portanto, beneficia-se com a disputa por influência regional entre a China e a URSS e pende ora para um lado, ora para o outro, sem submeter-se a nenhum deles. Essa estratégia tem substancial êxito, nesse momento, e rende para o país importantes recursos para fomentar o crescimento econômico e o projeto de autossuficiência produtiva, bem como proteção militar e apoio político ao regime. Em outras palavras, rende à Coreia do Norte a almejada autonomia. A China, portanto, mantém um papel fundamental como aliada, uma vez que há convergência ideológica e pragmática entre os dois países socialistas.

O segundo momento, contudo, é marcado pelo enfraquecimento da barganha nacionalista, por causa das mudanças conjunturais do cenário asiático. A margem de negociação da RPDC se reduz substancialmente com a aproximação Pequim-Washington-Tóquio nos anos 1970, e a barganha nacionalista se tornou cada vez mais insustentável, na segunda metade dos anos 1980, com a reaproximação Pequim-Moscou e Moscou-Washington e o processo de abertura econômica levado a cabo tanto pela China como pela URSS. Os chineses passam a colocar suas necessidades econômicas acima das velhas tensões securitárias regionais, preconizando a estabilidade da península coreana, com a reconciliação entre o norte e o sul e com a abertura econômica da RPDC. Desprovida de seus trunfos geopolíticos e fragilizada economicamente, a Coreia do Norte acaba flexibilizando sua doutrina *Zuche*, endividando--se e reaproximando-se da República da Coreia, ainda que a autonomia continuasse sendo o grande objetivo do regime. A China segue sendo aliada importante para a segurança do país, bem como fonte de subsídios, mas as relações bilaterais, agora, têm bases mais pragmáticas, pois as questões ideológicas não estão em jogo.

Esse último período, como se verá a seguir, foi um momento de transição fundamental da barganha nacionalista, a qual deixa de centrar-se nas tensões sino-soviéticas do contexto da Guerra Fria, como havia sido até então, e passa a ter como foco o programa nuclear e o recrudescimento da instabilidade na península coreana. A China, que era já fundamental para a segurança da Coreia do Norte, torna-se a principal base de sustentação econômica do regime após a queda da URSS, de forma que sua importância para o regime é crescente.

6. Solidão e tragédias: a Marcha Penosa e o *Songun* (anos 1990)

O impacto do fim da URSS e a Marcha Penosa

A Perestroika produziu o fim da Guerra Fria, alterando novamente o cenário asiático e, dessa vez, global. A convergência da URSS com o Ocidente e com os EUA, além de seu ingresso no sistema internacional capitalista, encerraram o confronto Leste-Oeste e puseram fim à bipolaridade nas relações internacionais. Ocorria também a crise do socialismo como sistema político. A autonomia da China, a tolerância em relação ao seu regime socialista e *status* de potência, bem como o apoio a seu desenvolvimento e conexão à economia mundial, deixaram de ser desejável pelos EUA. Enquanto ruíam os regimes socialistas do Leste Europeu, ocorria na China o protesto da Praça da Paz Celestial (Tiananmen), explicitamente apoiado pelo Ocidente, enquanto o Partido se mostrava dividido.

Como vimos, as duas Coreias não seguiram o Ocidente e mantiveram o relacionamento com a China, após a repressão à manifestação de Tiananmen, e Pequim estreitou os laços político-militares com Pyongyang. Contudo, a cooperação econômica agora se daria no âmbito das reformas que a vulnerável Coreia do Norte não desejava implementar. Enquanto isso, a URSS entrava em agonia, e a cooperação econômica se deteriorava, agravando ainda mais a situação do país. Como a China se reaproximou e reatou com a Coreia do Sul (formalizado em 1992), a Coreia do Norte foi estimulada a buscar alguma forma de convivência com os EUA, Japão e Coreia do Sul, para evitar o isolamento e o colapso do regime. Dessa forma, iniciaram-se conversações de alto nível entre as duas Coreias, que ingressaram conjuntamente na ONU em 1991.

Já Washington necessitava tanto manter sua presença militar no Japão como na Coreia do Sul (e, com isso, exercer controle sobre as suas bem-sucedidas economias nacionais), bem como articular com esses países um sistema de defesa antimísseis voltado contra a China e contra a Rússia (Theater Missile Defense – TMD). O elemento legitimador de tal política foi a virtual, e sempre exagerada, ameaça militar da Coreia do Norte, mostrada como um país governado por fanáticos e desesperados, capazes de atitudes drásticas, com consequências mal calculadas no plano internacional. No entanto, não apenas os norte-coreanos controlavam solidamente o país, mas também agiam de forma calculada nas diversas conjunturas diplomáticas. Daí o estabelecimento de um diálogo permanente e, até mesmo, cordial entre Washington e Pyongyang durante a administração Clinton, por exemplo. Afinal, ele acreditava que o regime norte-coreano cairia logo.

Para entender como se deu a reformulação da estratégia de política externa norte-coreana no mundo pós-Guerra Fria, é preciso analisar as consequências para o regime do colapso da URSS e das mudanças que se processavam. Além disso, é necessário levar em conta a grave crise que atingiu o país no início dos anos 1990, bem como a ascensão econômica da China, que possibilitou o incremento e a modernização de seu potencial militar, ampliando sua autonomia político-diplomática, fato que passou a preocupar particularmente os EUA. Nesse sentido, Kim (2001, p.373) assinala:

> Uma vez encerrada a simplicidade do conflito bipolar das superpotências, emergiram vários padrões triangulares de uma diversidade de dimensões e tamanhos – por exemplo, um triângulo China-Coreia-EUA, no qual uma península coreana se tornou um campo de batalha geoestratégico e geoeconômico para a rivalidade sino-americana.

Assim, no momento em que os padrões diplomáticos do período anterior esgotavam suas possibilidades, tendo em vista o fim da rivalidade sino-soviética e da bipolaridade entre os blocos socialista e capitalista, a emergente conjuntura mundial abria novas margens de negociação para a Coreia do Norte. Não obstante, ainda sob o choque de ter perdido o apoio econômico soviético, de ter suas relações com a China abaladas e dos problemas enfrentados pelo *Zuche* econômico, o regime da RPDC teve, inicialmente, certa dificuldade em instrumentalizar a nova rivalidade emergente nas relações internacionais do Leste Asiático em seu favor.

Além da situação internacional desfavorável, a morte de Kim Il Sung (1994) produziu uma profunda comoção social. E, como se não fosse suficiente, o país sofreu ainda com duas enchentes devastadoras, em 1995 e 1996, seguidas por um verão de forte seca, em 1997. Tais calamidades, aliadas aos problemas econômicos, resultaram em um período de penúria. A fome, estima-se, tirou a vida de cerca de 450 mil pessoas – aproximadamente 2% da população à época (Lankov, 2013).

A economia já vinha encontrando sérias dificuldades desde os anos 1970, mesmo com a ajuda financeira barganhada com a China e a URSS. Schwekendiek (2011) argumenta, nesse sentido, que a dificuldade que o país vinha encontrando para atingir as metas estabelecidas em seus planos plurianuais,[1] mesmo com a prorrogação dos prazos para mais dois ou três anos, foi um claro indicativo do problema. Verificava-se, portanto, que o país se tornava cada vez mais dependente da ajuda financeira das potências vizinhas. Mikheev (1991) afirma que, em 1989, a Coreia do Norte devia cerca de 22 bilhões de rublos (aproximadamente 4 bilhões de dólares) à URSS, e não conseguia honrar nem 45% de suas obrigações comerciais com o país.

Nesse sentido, o colapso do bloco soviético foi catastrófico para a Coreia do Norte, tanto em termos políticos como econô-

---

[1] Os planos plurianuais tradicionais foram suspensos após 1993, no contexto de desintegração do mundo socialista, de crise econômica e de crise alimentar.

micos. A Rússia reduziu drasticamente sua presença na Ásia, estabelecendo apenas relações distantes com Pyongyang. O fim da rivalidade sino-soviética retirava do regime seu principal meio de instrumentalizar sua posição geopolítica na região para fins de barganha. Em termos econômicos, as consequências para a balança comercial da Coreia do Norte foram devastadoras, tendo em vista que, previamente, bens norte-coreanos eram exportados a taxas favoráveis em troca de petróleo, carvão de coque, grãos e outros importados essenciais (Cumings, 1998).

Contando com o fluxo constante de petróleo bruto a baixo preço, Pyongyang havia se tornado economicamente dependente desse recurso, ainda que o país possuísse depósitos abundantes de carvão. Assim, quando, a partir de 1990, Moscou começou a exigir o pagamento das trocas comerciais em dinheiro, as importações norte-coreanas de petróleo despencaram em 85%, paralisando grande parte da indústria do país, e especialmente as fábricas de fertilizantes, o que levou a uma considerável redução da produção agrícola e que, por sua vez, contribuiu para a eclosão de grave crise alimentar. Segundo Harrison (2003), foi a partir daí que a RPDC passou a ter sérios déficits energéticos e a investir com mais vigor em novas formas de geração de energia alternativas ao petróleo, tal como a energia nuclear.

RELAÇÕES ECONÔMICAS ENTRE A RPDC E A CHINA

A queda do bloco soviético, as dificuldades econômicas da Coreia do Norte e as enchentes de 1995-1996 são fatores que, conjugados e inter-relacionados, geraram a grave crise dos anos 1990. Isso tudo ressalta o fracasso da tentativa do regime em utilizar os benefícios adquiridos com a barganha anterior para garantir a autossuficiência econômica do regime, seguindo os preceitos do *Zuche*. Quanto maior era a dependência econômica do país, porém, maior tornava-se a necessidade de reformular as estratégias de ação externa para manter certo nível de autonomia em relação às potências, para evitar que fossem impostas reformas e aberturas que não eram do interesse do regime. De fato, uma das principais mudanças nas relações entre a China e a Coreia do Norte, na década de 1990, se deu na esfera de cooperação econômica, quando Pequim passou a pressionar pelo estabelecimento de reformas. A Coreia do Norte, por sua vez, apesar da vulnerabilidade, não desejava implementar tais reformas, mesmo com consciência da debilidade criada pela queda da URSS em sua balança comercial. Conforme afirma Lee (1996, p.139):

> Eles [os líderes norte-coreanos] estavam relutantes em adotar o modelo chinês como um todo, porque suspeitavam que isso pudesse minar a ideologia *Zuche* e criar problemas políticos semelhantes àqueles evidenciados na Praça Tiananmen. Eles tinham consciência das consequências sociais adversas do sistema capitalista de Shenzhen, e não tinham território suficiente para insular as Zonas Econômicas Especiais do resto da Coreia do Norte.

A questão, porém, era bastante complicada, uma vez que, já em 1991, com a decisão soviética de cessar o comércio subsidiado com a RPDC, a China havia ultrapassado a URSS como principal parceiro, representando 25% de suas transações externas, taxa que subiu para cerca de 30% em 1992-1993 e para 37% em 1994 – ano em que as importações de petróleo da China já representavam cerca de 60% do total adquirido, enquanto as compras de grãos chineses respondiam por cerca de 80% do total (Cumings, 1998).

Conforme se percebe na tabela a seguir, o volume de importações norte-coreanas provenientes da URSS, nos setores de petróleo, carvão e grãos – os mais estratégicos para a sobrevivência do país –, sofreu uma queda dramática em 1991, recuando de mais de 1,5 bilhão de dólares para apenas 194 milhões em apenas um ano. Coube, então, à China compensar, ainda que apenas parcialmente nesse primeiro momento, o déficit alimentício e energético deixado pela URSS, evitando o colapso do regime. Por isso, segundo Lee (1994) e Han (1994), as importações provenientes da China aumentaram de 394 milhões para 577 milhões de dólares de 1990 a 1991, chegando a 595 milhões de dólares em 1992.

Tabela 1 – Volume de importações norte-coreanas de petróleo, carvão e grãos (em milhões de dólares)

	1989	1990	1991	1992
Da URSS	1.641	1.669	194	264
Da China	371	394	577	595

Fonte: Lee (1994) e Han (1994).

Além disso, o comércio bilateral China-Coreia do Norte vinha em um movimento crescente de 1984 a 1993, com pequenas quedas nos anos de 1985 e 1990 decorrentes do declínio da capacidade de exportação norte-coreana. O aumento mais significativo se deu de 1991 a 1993, quando passou de 610 milhões para 890 milhões de dólares. Não por coincidência, isso ocorreu no mesmo período em que o comércio Coreia do Norte-URSS sofria quedas substanciais.

Lee (1996) chama a atenção para o aumento do déficit comercial que a Coreia do Norte passou a ter em relação à China na virada dos anos 1980 para os anos 1990. A China vinha tendo déficits comerciais com a Coreia do Norte em 1984-1986, mas passou a ter superávits cada vez mais expressivos entre 1987 e 1991. Em 1992-1993 o superávit chinês diminuiu um pouco, graças ao aumento da capacidade de exportação norte-coreana, mas continuou em um patamar bem acima do que poderia se verificar em períodos anteriores. Nesse sentido, Lee (1996, p.140) ressalta:

> Porque a Coreia do Norte era incapaz de pagar seu déficit comercial acumulado, os chineses eram obrigados a dar novos prazos às obrigações norte-coreanas e a perdoar algumas delas. Dessa forma, o comércio assumiu a forma de caros programas de auxílio para a Coreia do Norte.

Não obstante, ainda que a China estivesse disposta a ajudar a Coreia do Norte, para evitar a instabilidade que um possível colapso pudesse gerar, também desejava pressioná-la por mais abertura ao comércio e ao investimento externo. A ideia era fazer que a Coreia do Norte aderisse ao modelo de reformas chinês – abertura econômica e manutenção do regime político –, a fim de torná-la economicamente viável no médio e longo prazo. Essa medida, na visão chinesa, garantiria a estabilidade regional e converteria a RPDC em um destino atrativo aos investimentos chineses privados. Ainda, segundo Lee, em novembro de 1990, quando da visita do primeiro-ministro Yon Hyong Muk a Pequim e da assinatura de um acordo sobre a assistência econômica chinesa à Coreia do Norte, Jiang Zemin aproveitou a ocasião para lembrar as lideranças norte-coreanas sobre o que esperava de Pyongyang:

> Jiang Zemin explicou a Yon que o sucesso da Zona Econômica Especial de Shenzhen provava que a China conseguia adotar uma política econômica de portas abertas e preservar o caminho socialista ao mesmo tempo. Ele também disse que reformas econômicas e o pensamento socialista se apoiavam mutuamente, e que o socialismo não poderia se desenvolver em um cenário de dificuldades econômicas, sugerindo que a Coreia do Norte não deveria ter medo de reformar seu sistema econômico e de abrir suas portas ao exterior. (Lee, 1996, p.138-139)

Assim, apesar da resistência, o governo norte-coreano teve de reavaliar seu sistema autárquico, levando à abertura parcial do país ao investimento externo e ao estabelecimento de novas zonas econômicas em seu território, com destaque para a Zona Rajin-Sonbong,[2] situada no extremo nordeste do país. Ademais,

---

[2] Conforme aponta Kang (2011), a ZEE de Rajin-Songbon não foi bem-sucedida inicialmente, tanto por estar localizada em uma parte muito isolada da Coreia do Norte, como por carecer de uma base legal clara para os negócios internacionais.

numerosas empresas de Hong Kong, Japão, França e Coreia do Sul abriram fábricas em Zonas Industriais Especiais da RPDC (Cumings, 1997). Além da abertura de zonas econômicas, o regime também teve de recorrer a liberalizações no campo, em meados dos anos 1990, tolerando mercados privados no interior e ambulantes que vendiam bens alimentícios nas ruas da capital. E, ainda, descentralizou as responsabilidades de Pyongyang com administrações camponesas, como medidas de emergência para aliviar a crise alimentícia no país. Um dado interessante é que a quase totalidade dessa atividade era exercida por mulheres adultas (oficialmente autorizadas), enquanto os homens seguiam em empregos fixos. E, por fim, também no sentido de modernização do país, foi implementado um Plano Quinquenal para o Desenvolvimento Técnico e Científico, em 1999, que visava alavancar o setor de Tecnologia da Informação do país e estabelecia o Ministério da Indústria Eletrônica (Schwekendiek, 2011).

A diplomacia triangular China-RPDC-Coreia do Sul

Concomitantemente a esse processo, que levou a RPDC a ceder às pressões chinesas e às necessidades impostas pela crise econômica, o país também enfrentou problemas no campo político em torno da expectativa de Pequim de que houvesse aproximação com a Coreia do Sul, com vistas a garantir a estabilidade da península, considerada fundamental para a continuidade do crescimento acelerado da China. Nesse contexto de conciliação, um acordo mútuo de desnuclearização foi assinado, em dezembro de 1991, por Coreia do Sul e Coreia do Norte e ambos os países se comprometiam a não possuir armas atômicas, a não manter bases de reprocessamento de plutônio ou de enriquecimento de urânio, bem como a negociar o estabelecimento de um sistema de inspeção nuclear mútua entre as partes. Esse acordo foi ainda complementado pelo comprometimento dos EUA, então sob a administração de George Bush (pai), de desnuclearização da península, em junho de 1991, que foi cumprido com a retirada das ogivas nucleares norte-americanas da Coreia do Sul.

Tal postura norte-americana diz respeito a uma reavaliação do papel das armas nucleares feita após a Guerra do Golfo. Com o advento das bombas inteligentes (*smart bombs*), que atingiam seus alvos com precisão, armas convencionais com alto poder de explosão passaram a ser vistas como mais úteis do que as imprevisíveis e pouco controláveis armas nucleares. Assim, "a política norte-americana chegou a um ponto em que seus próprios interesses ditavam a retirada das obsoletas armas nucleares da Coreia" (Cumings, 2004, p.55). Na mesma ocasião, foi assinado, entre as duas Coreias, outro documento fundamental para o estabelecimento do diálogo intercoreano, o Acordo de Reconciliação, Não Agressão, Intercâmbio e Cooperação, também chamado de "Acordo Básico".

A partir daí, a Coreia do Norte desistia, ao menos temporariamente, de seu projeto anterior de reunificar a península. Isso significava que o regime reconhecia suas limitações e que tinha de ceder aos anseios de Pequim pela estabilidade na região, flexibilizando a doutrina de autonomia nacional, em vista de suas necessidades econômicas e da ausência de uma nova política externa que substituísse aquela levada a cabo durante a Guerra Fria. Além disso, o ápice da nova política chinesa ocorreu em 1992, quando finalmente a China estabeleceu relações diplomáticas com a Coreia do Sul, passando oficialmente de uma política de "uma Coreia" para uma política de "duas Coreias".

Essa nova atitude chinesa diante da Coreia do Sul, conforme explica Kim (2001), era resultado de três ponderações centrais: (1) a península coreana era vista como um elemento significativo do ambiente securitário para Pequim; (2) a Coreia do Sul possuía um modelo apropriado para a estratégia chinesa de desenvolvimento orientado pelo Estado, bem como uma fonte de apoio à guinada de modernização da China, pois poderia ser um parceiro em potencial para conter as pressões econômicas norte-americanas e a hegemonia econômica do Japão no Leste Asiático; e (3) a China queria uma Coreia dividida ou unida que não desafiasse a sua legitimidade como Estado socialista, potência emergente e país multinacional.

Kim também ressalta que a própria reconfiguração da ordem internacional que resultou da queda da URSS impactou profundamente a posição chinesa a respeito da península coreana:

> A política externa de Gorbachov foi o principal fator na reformulação do contexto estratégico chinês para as duas Coreias por meio de, pelo menos, três maneiras diferentes, mas inter-relacionadas: por finalizar a bipolaridade da Guerra Fria, por efetuar a normalização das relações sino-soviéticas e por estabelecer a normalização das relações soviético-sul-coreanas (...). Quando o conflito sino-soviético foi encerrado, também se encerrou a competição sino-soviética na Coreia do Norte. O rápido progresso e a melhora nas relações Moscou-Seul, acompanhados de uma igualmente rápida descompressão das relações Moscou-Pyongyang, retiraram o motivo da longa rivalidade sino-soviética sobre a Coreia do Norte. (Kim, 2001, p.375)

Ademais, a nova postura de Pequim diante da península coreana se inseria em um objetivo maior da política externa chinesa, qual seja, liderar a formação de uma nova ordem leste-asiática, substituindo a da Guerra Fria. Nesse sentido, a política externa chinesa passou a focar-se muito mais na Ásia. Portanto, ao mesmo tempo que era necessário manter um bom relacionamento com a RPDC, que servia de zona tampão entre a China e as tropas norte-americanas estacionadas na Coreia do Sul, também se fazia indispensável a Pequim estabelecer laços com Seul. Tal aproximação entre a China e a Coreia do Sul, contudo, implicou, diretamente, um esfriamento da aliança política com a Coreia do Norte, que não via com bons olhos a política externa de Pequim e até a considerava uma traição. O regime norte-coreano tentou resistir ao estabelecimento de relações diplomáticas entre os dois países, limitando os programas de intercâmbio cultural com a China e restringindo a mobilidade na fronteira bilateral temporariamente.

Por fim, paralelamente à crise econômica e à flexibilização da doutrina de autonomia nacional, mudanças fundamentais ocorreram no campo da política interna do regime por causa da morte de Kim Il Sung, em julho de 1994. O processo de sucessão política ocorreu em meio à situação de crise e de reformulação da política externa norte-coreana. Entretanto, a sucessão de Kim Il Sung por seu filho mais velho, Kim Jong Il, aconteceu dentro da estabilidade institucional, tendo em vista que já vinha sendo preparada havia bastante tempo.

A ascensão de Kim Jong Il, a morte de Kim Il Sung e o *Songun*

Efetivamente, desde o início da década de 1970, Kim Jong Il passou a se envolver em importantes campanhas para as bases e a se inserir na organização do Partido, incumbido de funções na sua hierarquia. Ao longo dos anos 1970, Kim Jong Il já tinha o apoio dos mais importantes líderes nacionais e da sociedade. Em 1985, por ocasião do VI Congresso do Partido do Trabalho da Coreia, ele foi anunciado como o futuro líder da nação. A sucessão foi justificada dentro da mesma lógica que havia consolidado a posição de Kim Il Sung no país. A hereditariedade era a forma de manter vivo o "espírito da revolução" e o reconhecimento à "profunda benevolência" de Kim Il Sung. Assim, em 1997, após o período tradicional de luto de três anos pela morte do pai, utilizado para consolidar seu poder, assegurando o controle do estamento militar, Kim Jong Il se tornou, oficialmente, o líder máximo do país ao ser empossado como secretário-geral do Partido e como comandante em chefe do Exército Popular da Coreia.

Além de ter sido longamente preparada, a sucessão também foi facilitada pelo apoio chinês. Como afirmado anteriormente, a China tinha interesse em preservar o regime para garantir a estabilidade regional, ainda que esperasse aumentar sua influência sobre ele dentro do novo contexto regional e internacional, pressionando-o a se reformar e a manter melhores relações com a Coreia do Sul. Cumings (1997, p.67-68), ressaltando a capacidade de sobrevivência do regime e a solidez de sua liderança, assim resume a organização interna da RPDC nos anos 1990:

> No sistema administrativo da Coreia do Norte, linhagens burocráticas e hierarquias frequentemente existem como reinos independentes e têm dificuldades para se comunicarem umas com as outras. (...) A relativa autonomia burocrática, a prática de autossuficiência provincial, um vasto aparato partidário organizando de baixo para cima e compreendendo cerca de um terço da população adulta, a posição privilegiada dos militares – obtendo, no mínimo, 25% do orçamento anual –, a morte do único líder que o país já teve, intenso conflito entre gerações e o acúmulo da crise gerada externamente têm resultado em um tipo de imobilismo nos anos 1990. (...) Ainda assim, apesar de todas as dificuldades dos anos 1990, há poucos sinais de que qualquer uma dessas dificuldades tenha ameaçado a estabilidade da liderança.

Isso demonstra, portanto, que a tradição política e ideológica que fornecia as bases para o governo de Kim Il Sung foi mantida pelo novo governo. Considerando que Kim Jong Il já vinha governando ao lado do pai nos últimos anos, apesar da promoção de algumas mudanças, sua gestão deu continuidade aos objetivos básicos perseguidos anteriormente – sobrevivência e autonomia nacional. A filosofia *Zuche*, como ideologia fundamentadora do regime e de suas políticas, passou por algumas alterações importantes ao longo do novo governo, pois a nova realidade regional e internacional levou à elaboração de novas estratégias, como a barganha nuclear. Ainda em 1994, pouco após a morte de Kim Il Sung, o regime lançou o chamado *Songun* ("Forças Armadas em Primeiro Lugar") como nova política nacional. A política *Songun* era bastante semelhante ao *Zuche*, pois mantinha a defesa do nacionalismo e do fortalecimento do país, reforçando o desejo de autonomia nacional e instrumentalizando o socialismo como meio de fortalecer a nação.

Entretanto, Park (2010) argumenta que, diferentemente do *Zuche*, a nova política deixava explícito o papel que as Forças Armadas – o setor militar, de forma geral – teriam na busca da autonomia nacional. O *Rodong Sinmung*, jornal oficial do Partido do Trabalho da Coreia, caracterizava o *Songun* como uma ideologia na qual o Exército Popular serviria como principal força da revolução e pela qual sua união com o povo ajudaria a garantir a sobrevivência e a consolidar o socialismo (Koh, 2005). A nova política significava a elevação do *status* das Forças Armadas, que passaram a ocupar o centro do sistema político norte-coreano e a influenciar amplamente todos os setores da sociedade. Schwekendiek (2011) ressalta que, entre outras coisas, a política *Songun* servia para justificar, em um contexto de grave crise econômica, os elevados gastos militares do regime, que chegaram a cerca de 20% do orçamento anual norte-coreano, sobretudo com o programa de mísseis e de ogivas nucleares.

Sob certo ponto de vista, a política *Songun* serviu como um instrumento ideológico de grande importância para justificar, ainda em bases fortemente nacionalistas, a nova diplomacia norte-coreana, tendo como eixo a barganha nuclear. Baseava-se, portanto, na expansão das capacidades bélicas do regime como meio de lidar com as tensões regionais e como recurso de dissuasão em relação às potências. Como afirma Park (2010, p.103):

> A noção de que os armamentos nucleares são a única "garantia" da segurança nacional, bem como são meios confiáveis de dissuasão contra a provocação militar de governos hostis, são um produto direto da política *Songun*. As duas rodadas de testes nucleares, em 2006 e em 2009, bem como uma série de lançamentos de mísseis foram todas pensadas e conduzidas pelos militares sob o princípio da política *Songun*.

Dessa forma, as estratégias do regime foram sendo reestruturadas diante do novo cenário que se constituía e como forma de acomodar novos métodos para a defesa nacional e para a busca de autonomia. É importante ressaltar que a política *Songun* não representou o abandono da Ideia *Zuche*, mas se comportou como uma espécie de apêndice, ampliando seu escopo explicativo. Depois da Guerra da Coreia, a RPDC tinha forte dependência econômica em relação à URSS, utilizando-se da China, como aliada política e estratégica, para contrabalançar essa situação. Dessa forma, obtinha ajuda econômica de ambos, sem ter de se submeter politicamente a nenhuma de suas diretrizes. Com o fim da Guerra Fria, a Coreia do Norte passou a depender economicamente da China, e não tinha mais a URSS para contrapor a essa dependência. O país precisava, portanto, de nova estratégia para equilibrar as crescentes pressões chinesas por estabilidade, por reformas e por abertura.

A estratégia nuclear: dissuasão e "diálogo" com os EUA

A estratégia foi ensaiada na primeira crise nuclear norte-coreana. A Coreia do Norte passaria a aproveitar-se das tensões com os EUA para contrabalançar a dependência econômica em relação à China. Obteria, assim, assistência econômica de Pequim sem ter de se submeter politicamente a suas pressões. Houve uma redefinição gradual do papel que a China passaria a ter no jogo político norte-coreano. A maturação do programa nuclear, iniciado ainda na década de 1950, demonstrou ser um importante instrumento para atrair novamente a atenção das grandes potências para a península.

Há duas grandes versões acerca do que teria motivado a decisão norte-coreana de investir em um programa nuclear. Uma centrada no argumento securitário-estratégico, que entende a capacidade nuclear como ferramenta de dissuasão contra possíveis ataques externos; e outra, centrada no argumento energético, que vê a produção de energia nuclear como uma forma de se livrar da dependência externa de combustíveis fósseis. Segundo Zhang (2006), não se pode atribuir o programa nuclear norte-coreano como um todo apenas à questão energética, pois a península foi constantemente ameaçada pelo uso de armas nucleares, mesmo depois da Guerra da Coreia. Assim, o objetivo final relacionado à posse de armas nucleares seria o de controlar um instrumento poderoso e, assim, constranger as potências atuantes na região a modificar suas relações estratégicas. Parte-se, assim, de uma concepção tipicamente norte-coreana e já amplamente expressa por seus líderes de que o país foi historicamente vulnerável a invasões e a interferências de nações poderosas.

Assim sendo, o controle de armas nucleares foi visto como uma decisão vital e um elemento indispensável para restabelecer certo equilíbrio estratégico no nordeste asiático e garantir certa autonomia securitária. Percebendo a assimetria de forças com as das grandes potências, Cumings (2004) destaca o objetivo de defesa à luz da experiência traumática que a RPDC vivenciou ao longo da Guerra da Coreia. Houve uma série de ameaças de uso da bomba nuclear pelos EUA, como a chamada "Operação Hudson Harbor" que simulava o uso tático de bombas atômicas falsas em plena batalha. Ressalta-se que a memória desses episódios criou uma forte consciência no sentido de garantir a própria integridade física do Estado. Pode-se entender, portanto, o investimento em um programa nuclear como parte da doutrina *Zuche-Songun*. Assim como o regime buscava autonomia política e econômica, buscava também autonomia securitária por meio do programa nuclear.

Para se ter uma ideia, em 1958, os EUA instalaram canhões nucleares de 280 milímetros e mísseis nucleares Honest John em território sul-coreano, seguidos pelo deslocamento de um esquadrão completo de mísseis nucleares de cruzeiro, chamados Matador, para a região, apontadas para a RPDC. No mesmo ano, a Coreia do Norte assinou dois acordos com a URSS de cooperação em projetos de pesquisa nuclear. Com essa ofensiva na península, os EUA violaram abertamente o artigo 13º do Armistício de 1953, que proibia a introdução de novos armamentos com vantagens qualitativas.

No entanto, a justificativa norte-coreana para o desenvolvimento de seu programa nuclear também esteve vinculada à necessidade de substituir a matriz energética, altamente dependente das importações de petróleo – primeiro da URSS e depois da China –, por uma base energética nuclear autônoma, aproveitando as grandes reservas de urânio do país. Nesse sentido, o objetivo original por trás de tal programa nuclear estava igualmente ligado à segurança energética.

Segundo Mansourov (1995), a primeira instalação de pesquisa nuclear da Coreia do Norte, no entanto, remonta a 1965, quando a URSS cedeu à RPDC um reator de pesquisa de 4 megawatts. O reator foi instalado em Yongbyon, a 90 km de Pyongyang, onde foi construído um complexo de Pesquisa e Desenvolvimento (P&D) em tecnologia nuclear gerenciado pelos cientistas norte-coreanos que haviam recentemente completado sua formação acadêmica em Física Nuclear na URSS. Na mesma década, teve início o programa de mísseis balísticos, novamente graças à cooperação da URSS, que forneceu mísseis Scud de curto alcance, que foram modificados e utilizados para pesquisas e experimentos, permitindo aos cientistas norte-coreanos desenvolverem mísseis de maior alcance, tais como a série Taepodong (Harrison, 2002).

Pyongyang anunciou pela primeira vez o estabelecimento de seu próprio programa de armas nucleares nos anos 1970, quando a Coreia do Sul, liderada pelo presidente Park Chung Hee, divulgou iniciativa semelhante,[3] alarmando ainda mais as autoridades norte-coreanas. Assim, em fins dos anos 1970, um segundo reator, de 30 megawatts, foi construído em Yongbyon, dando início a um projeto de expansão das instalações nucleares. Ainda assim, sob a pressão soviética, em setembro de 1974, a RPDC ingressou na Agência Internacional de Energia Atômica (AIEA) e, em julho de 1977, assinou um acordo que estabelecia um mecanismo de monitoramento de

---

[3] O programa nuclear sul-coreano de Park foi interrompido em 1979, quando o presidente foi assassinado, por pressão dos EUA que receavam as consequências securitárias da posse de armas nucleares sul-coreanas para a região.

seus reatores. Entretanto, o programa foi expandido nos anos 1980, quando a RPDC deu início à construção de dois reatores nucleares – um de 50 megawatts e outro de 200 megawatts – e de uma planta de reprocessamento de plutônio. Segundo Niksch (2010), tais reatores não foram concluídos.

O fato de a Coreia do Norte ter aderido ao Tratado de Não Proliferação Nuclear (TNP), em 1985, e de ter firmado um Acordo de Garantias Nucleares (Safeguards Agreement) com a AIEA, em janeiro de 1992, ao que tudo indica, não significou o congelamento de seu programa nuclear. Ainda assim, o acordo obrigava o país a relatar todos os seus programas nucleares para a agência, que poderia também realizar uma série de inspeções nas instalações nucleares do país. Assim, a Coreia do Norte permitiu que a AIEA realizasse seis inspeções nucleares entre junho de 1992 e fevereiro de 1993 (French, 2005).

A crise foi deflagrada, em fins de 1992, quando a AIEA constatou, ao longo das inspeções, que a Coreia do Norte havia reprocessado mais plutônio do que os 80 gramas reportados. Pressionada pelos EUA, em fevereiro de 1993, a agência invocou uma provisão específica do Acordo de Garantias Nucleares de 1992 e solicitou uma "inspeção especial" em dois depósitos de resíduos de Yongbyon. O organismo acreditava encontrar, no local, informações encobertas pelo governo sobre a quantidade de plutônio que a Coreia do Norte vinha produzindo desde 1989 (Niksch, 2010).

Beal (2005) e Cumings (2004) afirmam que tais evidências teriam sido providas pela inteligência norte-americana, coletadas por meio de espionagem. Nesse sentido, o cálculo político dos EUA, ao fomentar a primeira crise nuclear, deve ter incluído a ideia de catalisar as forças desintegradoras do regime, por meio da pressão internacional, sobretudo em formas de sanções e embargos, no momento em que o regime parecia necessitar de ajuda internacional. Se essas pressões fossem decisivas para o fim do regime, conforme prediziam muitos analistas norte-americanos à época, o cenário no Leste Asiático ainda mais favorável à maior potência capitalista.

Segundo Cumings (2004), o regime da Coreia do Norte, em parte por se sentir ameaçado e, em parte, por perceber a oportunidade que a ocasião lhe apresentava em um momento de grave crise, reagiu à ofensiva AIEA-EUA, em um cálculo diplomático muito bem articulado. Recusou o pedido por "inspeções especiais" e ameaçou se retirar do TNP, em março de 1993. Essas ações, além de demonstrar que o regime não estava disposto a ceder em um ponto estratégico e sensível, tinham como objetivo chamar a atenção dos EUA quanto à sua permanência como signatário do TNP. Percebe-se, nesse sentido, que a crise não fora deflagrada pela Coreia do Norte, que se utilizou das pressões norte-americanas, de forma reativa, para estabelecer condições de equilíbrio no novo cenário que se estabeleceu com o fim da Guerra Fria.

De fato, a recusa da RPDC ao pedido da agência e a ameaça de se retirar do TNP levaram a uma intensificação do diálogo com a administração Clinton, que procurava dissuadir o regime ao mesmo tempo que transferia mísseis Patriot a Seul e levava o assunto à mesa de discussões no Conselho de Segurança da ONU. Em resposta, o ministro de Relações Exteriores chinês, Qian Qichen, deixou claro que seu governo se oporia abertamente a quaisquer sanções econômicas impostas à RPDC – estando disposto a vetá-las, se necessário fosse –, bem como à própria discussão da questão no Conselho de Segurança. Assim, o organismo da ONU teve de modificar substancialmente a sua proposta inicial, e a Resolução 825, adotada em maio de 1993, apenas solicitava que a RPDC reconsiderasse sua declaração de se retirar do TNP. Mesmo assim, a China se absteve em sua votação (Kim, 2001).

Impedido de exercer maiores pressões sobre a RPDC pelo Conselho de Segurança, os EUA tiveram de ceder às negociações diretas com o país. Assim, a Coreia do Norte só aceitou suspender sua retirada do TNP quando o governo Clinton cessou as manobras de Team Spirit (Espírito de Equipe) e concordou com uma reunião de alto escalão entre os dois países, em junho de 1993. Esse foi um primeiro sinal de que a estratégia norte-coreana começava a gerar resultados. Não obstante, a Coreia do Norte manteve a sua recusa com relação às inspeções da AIEA, ao que os EUA reagiram voltando a propor ao Conselho de Segurança da ONU uma rodada de sanções econômicas.

Aproveitando-se da proteção chinesa e procurando induzir os EUA ao estabelecimento de negociações diretas, em 1994, Kim Il Sung reafirmou o convite de longa data feito ao ex-presidente norte-americano Jimmy Carter para visitar Pyongyang e negociar o congelamento das operações nucleares norte-coreanas. Essa atitude estava ligada à crise econômica fortemente agravada pelo desabastecimento energético, especialmente desde que a URSS parou de fornecer petróleo bruto ao país por valores abaixo do mercado. Assim, uma das principais concessões que demandava a Coreia do Norte era a construção de reatores de água leve capazes de gerar energia para manter o funcionamento da indústria. A resposta da administração Clinton foi positiva, e Carter comandou as negociações em Pyongyang. Como resultado, os EUA aceitaram abandonar a proposta de sanções no Conselho de Segurança e iniciaram novas rodadas de negociação com a Coreia do Norte em Genebra (Niksch, 2010).

Foi nesse contexto que, em outubro de 1994, o Acordo de Genebra, ou Acordo Quadro, entre a Coreia do Norte e os EUA foi assinado. Por um lado, a RPDC aceitava a interrupção imediata de seu programa nuclear, o desmantelamento de suas instalações nucleares até 2003, a sua permanência no TNP e as inspeções da AIEA, conforme originalmente prescrito no Acordo de Salvaguardas de 1992. Por outro lado, os EUA comprometiam-se a auxiliar a Coreia do Norte na construção de dois reatores de água leve, até 2003, com capacidade de gerar aproximadamente 2 mil megawatts de energia – e de fornecer, anualmente, 500 mil toneladas de petróleo pesado como recurso energético alternativo até que o primeiro reator estivesse ativado. Em certa medida, a "generosidade" norte-americana se apoiava na crença de que o regime logo entraria em colapso e, assim, as promessas não precisariam ser cumpridas.

Com esse propósito foi estabelecida a Organização para o Desenvolvimento de Energia da Península Coreana (KEDO), um consórcio organizado pelos EUA e constituído por Coreia do Sul, Japão e União Europeia, que supervisionaria o projeto, financiando a construção dos reatores e garantindo o suprimento de petróleo à Coreia do Norte. Além dessas disposições, o Acordo Quadro também expressava a intenção mútua de estabelecer Gabinetes de Ligação em suas respectivas capitais e, em última instância, normalizar as relações diplomáticas, desde que os países progredissem significativamente em "questões de interesse para cada parte" (Harrison, 2002).

Os EUA estavam satisfeitos com o acordo, especialmente porque a Coreia do Sul e o Japão arcariam com 70% e 20%, respectivamente, dos 4,5 bilhões de dólares estimados para a construção dos dois reatores. Assim, pelo menos em tese, os norte-americanos logravam a desnuclearização da Coreia do Norte, com poucos custos relativamente. Se o regime ainda sobrevivia e as sanções não podiam ser implementadas, então, ao menos, seria interessante buscar certa acomodação política com o país até que a conjuntura se alterasse. A Coreia do Norte, no início dos anos 1990, debilitada pela crise, não representava uma ameaça real aos EUA ou a seus interesses no nordeste asiático. Como mencionado anteriormente, o interesse dos EUA em deflagrar a crise parece estar muito mais relacionado aos efeitos, de curto e de longo prazo, que um eventual colapso do regime teria sobre a China.

Durante os sete anos seguintes à assinatura do acordo, o progresso na construção dos dois reatores prometidos havia sido ínfimo. A KEDO, ao longo dos anos 1990, transformou-se em um verdadeiro "futebol político". Os japoneses suspendiam fundos quando se enrijeciam as tensões com Pyongyang, ao passo que os EUA não mostravam praticamente nenhum comprometimento com a realização dos itens acordados. Seul, por sua vez, fortemente afetada pela crise financeira asiática de 1997, recuou em sua promessa de arcar com 70% dos custos, vácuo financeiro que não foi preenchido pelos EUA. Além disto, os norte-americanos também deixaram de cumprir duas outras provisões-chave do acordo, a saber: o Artigo 2, que previa a normalização das relações políticas e econômicas com a Coreia do Norte; e o Artigo 3, que exigia "garantias formais" que descartassem "a ameaça ou uso de armas nucleares pelos EUA" contra a Coreia do Norte. A aproximação diplomática não vingou, tendo em vista, por um lado, a relutância norte-coreana e, por outro, a insistência dos EUA na ideia de que a normalização das relações entre os dois países só seria possível através de uma resolução conjunta, satisfatória para ambos, a respeito da desnuclearização e desmilitarização da Coreia do Norte.

Esse episódio foi importante como teste e aprendizagem para a RPDC, que passou a vislumbrar novas possibilidades de negociação com as potências. Da mesma forma, o episódio também demonstrou que, mesmo em um momento de fraqueza interna e de crescente dependência econômica em relação à China, o país ainda tinha meios de agir de forma autônoma em suas relações internacionais. Em outras palavras, o *Zuche--Songun* era válido e viável como base ideológica para a sua política externa, em um contexto em que as rivalidades entre China e EUA se escalonavam uma vez mais.

Do apogeu das negociações às novas tensões

A aparente acomodação política entre a Coreia do Norte e os EUA durou muito pouco. Em 1996, vendo pouco progresso no desenvolvimento do Acordo Quadro, o regime norte-coreano buscou atrair novamente a atenção de Washington para a península, na tentativa de obter, no mínimo, os benefícios formalmente pactuados em 1994. Os EUA, por seu turno, continuavam interessados em securitizar a agenda do nordeste asiático, a fim de pressionar a China. Nesse sentido, Clinton propôs, ao presidente sul-coreano, Kim Young Sam, o estabelecimento de diálogos multilaterais para a resolução das tensões na península coreana, a partir da fórmula "2+2", isto é, EUA e Coreia do Sul, de um lado, China e Coreia do Norte, de outro. Pyongyang via, nesse sistema, menor margem de negociação – a China era contrária a seu programa nuclear e as relações bilaterais não estavam em um bom momento em termos políticos por causa da constante pressão chinesa pela abertura e estabilização da península. Parecia-lhe mais interessante, portanto, negociar em separado com as duas potências, como havia feito durante a primeira crise nuclear (Kwak; Joo, 2003).

Em agosto de 1998, visando pressionar os EUA para o estabelecimento de novas negociações, Kim Jong Il realizou seu primeiro teste de mísseis de longo alcance (projétil de três estágios), o Taepodong I, o qual, estima-se, teria capacidade de atingir toda a Coreia do Sul e boa parte do Japão. Segundo Harrison (2002, p.227), o lançamento não veio sem aviso prévio, uma vez que o ministro de Relações Exteriores norte-coreano teria lhe dito, em maio de 1998: "Nós estamos perdendo a paciência. Nossos generais e líderes da indústria atômica insistem que nós devemos retomar nosso programa nuclear... se vocês não agirem de boa-fé, haverá consequências". Além de exigir o cumprimento do Acordo Quadro por parte dos EUA, com o fornecimento dos reatores para suprir suas necessidades energéticas e com a normalização das relações diplomáticas entre os dois países, a RPDC também tinha como metas declaradas a assinatura de um Acordo de Paz com Washington, que se sobrepusesse ao frágil Armistício da Guerra da Coreia e sua completa retirada militar da região.

Os norte-americanos responderam enviando o secretário de Defesa, William Perry, a Pyongyang, em maio de 1999, para negociar tanto o programa nuclear, como o programa de mísseis norte-coreanos, ainda que se negasse a discutir qualquer acordo de paz ou retirada da região. O resultado foi a assinatura do Acordo de Berlim, em setembro de 1999, pelo qual os EUA concordaram em extinguir uma gama mais ampla de sanções econômicas em troca de uma moratória norte-coreana acerca de futuros testes de mísseis balísticos (Niksch, 2010). Não obstante, mais uma vez pressionada pelo Congresso, a Casa Branca não foi capaz de cumprir com a sua parte do novo pacto e recuou em sua decisão de aceitar a moratória norte-coreana, passando a exigir um acordo mais abrangente sobre mísseis balísticos que fosse além da questão dos testes, banindo completamente o desenvolvimento, a produção e a utilização de todos os mísseis com alcance de mais de 180 milhas (Harrison, 2002).

Os acontecimentos tinham duas grandes consequências. Por um lado, a nova estratégia não produziu os resultados esperados, já que os acordos negociados com os EUA não eram colocados em prática. Por outro lado, esse estado de permanente tensão com os norte-americanos (intensificada pela ameaça de retomada do programa nuclear, pela exportação de mísseis e pelo teste do Taepodong I) pressionava Pequim a ampliar o apoio político e econômico ao regime, a fim de evitar o aumento da instabilidade regional e afastar a presença norte-americana da península. Em termos econômicos, podia-se perceber que a disposição chinesa em conceder auxílio e subsídios ao país era escalonada conforme as tensões entre a RPDC e os EUA.

Nesse sentido, segundo Harrison (2002), foi apenas após as negociações de normalização com os EUA terminarem em impasse, em março de 2000, que Kim Jong Il aceitou a proposta de Kim Dae Jung para a realização de uma Cúpula Intercoreana. De fato, apesar das ameaças norte-coreanas de desrespeitar o Armistício de 1953, desde 1997 vinha ocorrendo uma substancial melhora no relacionamento entre as duas Coreias. Para a RPDC, a necessidade de captar investimentos e de obter recursos para amenizar a crise econômica e alimentar, além das crescentes pressões de Pequim pela reconciliação, forçavam o regime a se reaproximar do sul. Para Seul, a aproximação estava intimamente ligada à ascensão de Kim Dae Jung à presidência, líder que, quando empossado, enfatizou que perseguiria ativamente a reconciliação e a cooperação com a Coreia do Norte por intermédio da *Sunshine Policy*, bem como seu apoio às tentativas de Pyongyang em melhorar suas relações com Washington.

Um dos principais propósitos da *Sunshine Policy* era o de mitigar os problemas econômicos do norte através da cooperação com o sul para que, quando ocorresse a reunificação, se evitasse um fluxo massivo de refugiados norte-coreanos em direção a Seul em busca de sobrevivência. Nesse sentido, o argumento de Kim Dae Jung é que, com o tempo, os laços econômicos entre as duas Coreias iriam suavizar os antagonismos políticos e militares, acelerando a reforma econômica no norte e conduzindo a reunificação pacífica.

Foi nesse contexto que, em junho de 2000, foi realizada, em Pyongyang, a Primeira Cúpula Intercoreana, com o objetivo de abrir o processo de reconciliação entre os dois países. O encontro gerou a expectativa de que, a partir dali, ocorreria uma guinada no relacionamento entre ambos, que, com o tempo, viriam a formar uma Confederação e, por fim, reunificar-se-iam. Além disso, estreitavam-se os incipientes laços econômicos na península com a instalação de mais de duzentas empresas sul-coreanas no norte (interessadas na mão de obra barata), que forneciam as matérias-primas e os equipamentos especializados, pagando em dólar pelos produtos finais – desde bolsas até aparelhos de televisão. Não obstante, a cúpula também permitiu o rompimento do impasse com os EUA, na medida em que forneceu a Clinton o respaldo político necessário no Congresso para a redução das sanções, conforme já havia sido acordado anteriormente.

Foi então que a secretária de Estado norte-americana, Madeleine Albright, visitou Pyongyang, em outubro de 2000. Na ocasião, a RPDC ofereceu cessar os testes dos Taepodong I, negociar o congelamento imediato dos testes de mísseis de longo alcance, bem como parar a exportação de mísseis, sob a condição de os EUA fornecerem auxílio suficiente para as necessidades imediatas da RPDC. Clinton, porém, já no fim de seu mandato presidencial e criticado por suas "concessões" à RPDC, recusou a oferta (French, 2005). Entretanto, foi durante o seu governo que os EUA, efetivamente, abandonaram a opção militar contra Pyongyang e se conformaram com uma estratégia de engajamento, baseada em uma abordagem de negociação seletiva, de concessões e de sanções. A China, por sua vez, que durante os anos 1990 vinha tentando estreitar laços com os demais vizinhos asiáticos e amenizar velhas inimizades regionais, teve uma posição discreta, porém importante, com relação ao desenvolvimento do programa nuclear norte-coreano.

Apesar de todo o cenário de crise da década de 1990, a Coreia do Norte conseguiu amenizar a crise econômica e garantir a continuidade do regime nos anos 2000. No plano interno, isso se deu por causa da aliança entre Kim Jong Il e o setor militar, bem como em razão das tentativas de reformas de natureza econômica. Já no plano externo, a melhora deveu-se especialmente aos subsídios chineses, à aproximação econômica com a Coreia do Sul, com o estabelecimento da Zona Industrial de Kaesong, em 2002, e com a criação de zonas econômicas especiais em outras partes da fronteira. Mas, acima de tudo, deveu-se à estratégia político-diplomática desenvolvida em relação aos EUA acerca do programa nuclear e de mísseis balísticos.

No plano da segurança, com o endurecimento da administração George W. Bush, Pyongyang buscou jogar a cartada nuclear como último trunfo, além de provocar militarmente a Coreia do Sul e reagir a provocações desta, numa estratégia calculada. O que o regime desejava era um acordo com os EUA, que garantisse de forma multilateral sua segurança, e a obtenção de ajuda econômica para renovar sua estrutura produtiva. Todavia, nada indicava que o norte pudesse simplesmente entrar em colapso, contrariando os prognósticos mais pessimistas. E mais ainda, impressionava a capacidade de autonomia que o regime demonstrou ao tratar com adversários, como os EUA, e amigos, como a China. Decididamente, os norte-coreanos não desejavam ser uma moeda de troca entre os grandes poderes.

A segunda crise nuclear teve início em 16 de outubro de 2002, quando o governo Bush afirmou que autoridades norte-coreanas teriam revelado ao secretário-assistente de Estado dos EUA, James Kelly, a existência de um programa nuclear secreto baseado no enriquecimento de urânio. Na ocasião, segundo os funcionários norte-americanos envolvidos, Pyongyang teria oferecido encerrar seu programa, cumprir o Acordo Quadro acerca do programa de plutônio e ainda negociar procedimentos de inspeção aceitáveis para Washington. A condição para tais ofertas, evidentemente, seria a de que os EUA se comprometessem formalmente em respeitar a soberania da RPDC, sem atacá-la com armas convencionais ou nucleares e sem impedir seu progresso econômico (Cumings, 2004). Essa crise parecia justificar a recém-lançada Doutrina de Segurança Nacional e atender ao interesse de pressionar a China, securitizando a agenda política do Leste Asiático e amenizando a crescente influência econômica chinesa sobre Japão e Coreia do Sul.

Em dezembro de 2002, respondendo a tais eventos e buscando pressionar os EUA ao diálogo, as autoridades norte--coreanas anunciaram sua decisão de reativar as instalações nucleares de reprocessamento de plutônio de Yongbyon, as quais haviam sido formalmente desativadas, em 1994, sob o Acordo Quadro. De forma complementar, os funcionários da AIEA, que monitoravam o fechamento das instalações nucleares desde 1995, foram expulsos do país. As tensões se ampliaram ainda mais, em janeiro de 2003, quando a Coreia do Norte se retirou oficialmente do TNP, utilizando como justificativa o corte no fornecimento de petróleo pesado pela KEDO e a ameaça de um provável "ataque nuclear" dos EUA – o qual estaria sendo planejado pela administração Bush. Assim, em fevereiro e março de 2003, como já anunciado pelas autoridades norte-coreanas, o programa nuclear de reprocessamento de plutônio foi reativado, e Pyongyang abandonou oficialmente o *denial* (negação), passando a declarar abertamente suas intenções de produzir armas atômicas e utilizando o projeto nuclear para barganhar sua própria autonomia.

De modo complementar ao desenvolvimento do programa nuclear, a Coreia do Norte anunciou, no início de junho de 2006, que realizaria testes do Taepodong II, seu mais novo míssil balístico de longo alcance, o qual, supostamente, era capaz de carregar ogivas nucleares que chegassem até o Havaí ou a periferia do Alasca[4] (Zhang, 2007). O anúncio do teste já correspondia a

---

[4] Na verdade, desde a irrupção da crise nuclear, em 2002, a Coreia do Norte já havia efetuado três testes de mísseis no Mar do Japão. Tais eventos, contudo, tiveram efeito diplomático bastante limitado, tendo em vista que os mísseis testados, até aquele momento, eram todos de curto alcance, cuja tecnologia a Coreia do Norte já havia reconhecido possuir desde o teste do Taepodong I em 1998.

uma postura mais agressiva que a Coreia do Norte passaria a adotar em relação a seu programa nuclear, com o objetivo de escalonar tensões com os EUA para pressionar a China por mais autonomia, em um contexto de tentativa de reversão das reformas e replanificação econômica interna.

OS MERCADOS PRIVADOS, O RELAXAMENTO DO CONTROLE POLÍTICO E AS REFORMAS ECONÔMICAS

No início dos anos 1990, com o corte no fornecimento de petróleo soviético, a Coreia do Norte passou a sofrer uma aguda falta de energia, que teve forte impacto na indústria e na agricultura, pois não era possível bombear água para o sistema de irrigação, manter as indústrias e os trens elétricos funcionando, nem obter fosfatos para a produção de adubos químicos. Em 2000, a produção industrial era apenas a metade da de 1990, um ambiente que se tornou propício à corrupção, com alguns gerentes vendendo equipamentos sem uso para a China, como sucata. Como o sistema de abastecimento oficial só atendia parte da população, floresceu a atividade privada, a qual não foi iniciada nem apoiada pelo Estado, mas apenas tolerada numa conjuntura de extrema penúria.

Permitiu-se que pequenos lotes (*so'to'ji*), localizados fora das cooperativas (especialmente nas montanhas), fossem cultivados privadamente e a colheita vendida em mercados, cuja frequência variou em cada conjuntura, sendo responsável por 20% da produção (mas provocando desmatamento). Normalmente, tal comércio era feito por mulheres adultas donas de casa (especialmente no interior e nas pequenas cidades), pois tinham tempo disponível e não representavam perigo político. Os homens e mulheres empregados na economia formal permaneceram empregados, mesmo não havendo muito trabalho. Em 1997, 58% dos restaurantes eram operados de forma privada, bem como lojas e transporte de vans. Oficialmente, tudo pertence ao Estado, mas os "empreendedores" tinham de pagar taxas e propinas a algumas autoridades.

Bens de consumo passaram a ser contrabandeados pela fronteira da China, com a polícia fazendo vistas grossas. O financiamento de tais atividades provinha das remessas das comunidades coreanas do Japão e da China (agora mais próspera que os familiares da RPDC). Entre 150 e 200 mil norte-coreanos migraram para os distritos coreanos da China como trabalhadores precários durante o auge da crise econômica, mas em 2005 começaram a retornar, restando ainda 20 mil. Esse fluxo transfronteiriço, por exemplo, foi responsável pela entrada legal de 350 mil aparelhos VHS e DVD apenas em 2006. Calcula-se que 30% das famílias norte-coreanas possuam tais equipamentos, e as cópias piratas baratas de fitas e vídeos *made in China* e quase todo tipo de filme circulam abundantemente no país (Lankov, 2013, p.106). As autoridades toleram o contrabando, que não é mais considerado um crime, e, em 2003, começaram a ser fornecidos passaportes para viagens de caráter privado.

Curioso, mas a crise permitiu que a população passasse a se vestir melhor, com roupas contrabandeadas da China (no geral, as pessoas se vestem muito bem na RPDC). Mas tudo isso gerou alguma criminalidade, como roubo de patrimônio público para venda em mercados privados e algum tráfico de drogas, além de certo nível de corrupção. Os novos ricos possuem carros modernos e presenteiam seus funcionários, mas persiste a repressão ocasional às atividades privadas, e eles vivem na incerteza. Os refugiados que fogem para a Coreia do Sul (via Mongólia, Laos e Tailândia), por sua vez, constituem uma comunidade de 20 mil pessoas (número igual aos que deixavam a Alemanha Oriental por ano), geralmente mulheres pobres. Mesmo os poucos emigrados políticos com qualificação sofrem problemas de adaptação e discriminação no sul.

As exportações oficiais para a China são constituídas por minérios, frutos do mar e produtos tradicionais, as quais geraram uma "yuanização" da economia. As Empresas de Captação de Moeda Estrangeira (FCEE) oficiais hoje funcionam como uma simbiose de atividade estatal e privada. Mas o governo teve dificuldade em continuar pagando funcionários de nível mais baixo e que acreditam no regime, uma situação semelhante à de Cuba. Eles passaram a fechar os olhos às novas transgressões e exercem menos controle sobre a população. Acabou o princípio de punição familiar coletiva (todos eram responsabilizados pelo crime de um membro) e muitos delitos econômicos não são mais considerados crimes pelo governo. As viagens internas foram permitidas e o sistema de controle da população, que existiu até os anos 1980, simplesmente não existe mais. A crise gerou liberalização social. Mas, segundo muitos analistas, a maioria dos adultos preferiria que o antigo sistema de abastecimento estatal subsidiado voltasse a operar integralmente.

Até então, o controle sobre a sociedade se dava principalmente por meio dos *inminban*, ou Grupos Populares, que reúnem de vinte a quarenta famílias e são semelhantes aos Comitês de Defesa da Revolução (CDRs) cubanos. Os grupos são sempre liderados por mulheres e realizam uma reunião semanal, reforçando a visão política, realizando autocríticas e críticas coletivas, o que faz que os "desvios políticos" sejam pouco numerosos. Mas parte da atividade é gerenciar a rotina de manutenção, como coleta de lixo e deficiências de infraestrutura. A líder reporta a uma autoridade policial as condições de vida e atividades suspeitas. Toda a população participa de uma organização – de jovens (até 30 anos), mulheres, sindicatos, organizações camponesas, milícia ou grupos desportivos e, aos que conseguem, do Partido. Os *inminban* seguem existindo, mas sua capacidade de controle diminuiu muito.

A sociedade é espartana e igualitária, mas a população é dividida em *Songbun* ("Estados", ou quase castas), segundo sua orientação política – leais, vacilantes ou hostis. Para os últimos, em casos graves ou de criminalidade, há os *Kwanliso*, ou Campos de Reeducação e Trabalho (hoje reduzidos a um terço) onde se tenta recuperar os infratores menos graves (a maioria absoluta) para retornar à sociedade. Nos casos considerados graves, os infratores permanecem em zonas de controle estrito, sem contato com a sociedade.

Mas, na fase de crise, houve até revoltas no interior do país sem que as autoridades tenham punido os manifestantes, que gritavam "deem-nos comida ou permitam o comércio". Quando a economia formal se recuperou, o Estado tentou restringir as atividades com reformas que não visavam aumentar a liberalização, mas sim institucionalizá-la num nível muito mais limitado.

As primeiras reformas econômicas oficiais foram anunciadas, em meados de 2002, em um contexto de grave crise, marcada pela estagnação industrial, pela grande escassez alimentícia, e, sobretudo, pela necessidade de obter ajuda externa. Embora o governo continuasse a distribuir bens básicos para a população, havia enorme insegurança em relação ao caminho seguido pela China, e o país ainda sentia os impactos do fim da URSS. A reforma visava, primordialmente, controlar o nível de monetarização da economia e os mercados privados, o que foi feito, inicialmente, através de duas mudanças básicas: nos preços, diminuindo os subsídios governamentais aos bens alimentícios básicos[5] e elevando seu custo consideravelmente; e nos salários, que também foram reajustados, ainda que a uma taxa bem mais baixa que a do aumento dos preços.[6] Logo em seguida, tolerou-se certo empreendedorismo e foram oficializados os pequenos mercados onde os agricultores vendiam sua produção excedente, embora procurassem manter certo controle sobre os bens vendidos, fixando certos limites para as variações de preços. Essa medida foi complementada com a revisão da Lei Comercial, em 2004, aceitando o aumento da autonomia das transações de mercado internas e o crescimento do comércio exterior norte-coreano.

Não obstante, tais reformas levaram a um empobrecimento maior da população e se mostraram insuficientes para reativar

---

[5] O governo havia banido todos os tipos de comercialização de grãos e outros bens alimentícios em 1957 e instaurou um sistema de distribuição pública sob a justificativa política de garantir a distribuição igualitária dos bens alimentícios.

[6] Com a reforma, o preço do arroz chegou a subir em até 55%, enquanto os salários aumentaram, em média, apenas 1,8%.

a economia, de forma que o sistema de distribuição estatal de bens alimentícios voltou a vigorar em outubro de 2005, sendo seguido pelo controle dos mercados privados. A economia norte--coreana decaiu mais com as sanções econômicas internacionais decorrentes de seu primeiro teste de um míssil de longo alcance (Taepodong II), em julho de 2006, e de seu primeiro teste nuclear, em outubro. Novas sanções foram ainda mais duras, em 2009, em resposta ao segundo teste nuclear, e contribuíram para a forte crise econômica que se seguiu à tentativa de reforma monetária e de retorno à economia planificada.

A reforma visava, sobretudo, captar a poupança – que ainda era guardada primordialmente dentro das casas – especialmente dos comerciantes, que haviam prosperado com as medidas liberalizantes de 2002, e dos militares, que desde o início dos anos 1990 acumulavam consideráveis somas com atividades de comércio exterior e que, na maioria dos casos, estavam também envolvidos nos mercados internos. Assim, tentou-se efetuar a troca da moeda corrente,[7] estabelecendo-se um valor máximo de conversão de 500 mil *wons* velhos por pessoa – podendo chegar a 1 milhão de *wons* velhos, se depositados em banco –, e foram proibidas a posse e a realização de transações com moedas estrangeiras. O objetivo principal era remediar os problemas fiscais do governo e permitir-lhe retomar o máximo de controle possível sobre a economia, reduzindo as transações de mercado. Nesse sentido, junto à reforma monetária também foram definidas proibições sobre as transações privadas e o fechamento dos mercados.

Todavia, o governo logo descobriu que não era mais possível retornar às condições anteriores a 2002, uma vez que não tinha mais condições de garantir a quantidade necessária de suprimentos para restaurar a economia planificada, em razão das sanções internacionais e da suspensão do auxílio da Coreia do Sul. Outro ponto importante politicamente foi a ocorrência de uma inédita marcha de protesto em Pyongyang

---

[7] Segundo a taxa de conversão, 100 *won* correspondiam a 1 *won* novo.

protagonizada por cidadãos (especialmente de comerciantes e de funcionários) contra a reforma monetária, pois perderiam boa parte de suas poupanças. Houve distúrbios localizados pelo mesmo motivo, mas o regime não os reprimiu. Com o fracasso da reforma monetária, portanto, todas as demais medidas foram igualmente abandonadas já em fevereiro de 2010.

Não obstante, durante todo esse período, também ocorreu certa abertura ao investimento externo, com o estabelecimento da Zona Industrial de Kaesong (ZIK), com a Coreia do Sul, em 2002, e com a criação de outras duas ZEEs no país em 2004. Por ocasião da Segunda Cúpula Intercoreana, em outubro de 2007, foi acordado ainda o estabelecimento de outras ZEEs em associação a países vizinhos: em Rajin-Sonbong (Rason), no nordeste; em Sinuiju, no noroeste; em Kaesong, próximo à fronteira com a Coreia do Sul, onde já havia a ZIK; e em Haeju, na costa oeste, próximo a Kaesong. Dessas iniciativas, porém, apenas a ZIK tem produzido resultados satisfatórios até o momento, tendo fornecido, até 2008, emprego para mais de 25 mil norte-coreanos em fábricas de propriedade de sul-coreanos, ao passo que o valor total dos bens produzidos, em 2007, chegou a 200 milhões de dólares.

A partir de 2010, apesar de toda a oscilação entre os mercados privados e a economia planificada durante os anos 2000, a política econômica do país passou a sinalizar a disposição bem maior no sentido da abertura ao exterior, ainda que sem abandonar o conceito *Zuche* de autossuficiência. Uma primeira medida nesse sentido tem sido o estímulo governamental à restauração e ao fortalecimento da base industrial do país, priorizando três setores básicos para a economia norte-coreana – o têxtil, o de fertilizantes e o de ferro. Concomitantemente, as relações econômicas com o Ocidente também apresentaram uma sensível melhora nos últimos anos. A Comissão Europeia voltou a fornecer ajuda alimentícia ao país (havia sido suspensa três anos antes), e foi permitido o estabelecimento de um escritório das agências de notícias Associated Press e Reuters, ambas sediadas nos Estados Unidos atualmente, simbolizando certa disposição de relativa abertura por parte da Coreia do Norte. Da mesma forma, o governo fez "vistas grossas" para o contrabando de alguns produtos na fronteira com a China, bem como para o envio de dinheiro de norte-coreanos que viviam no país vizinho.

Ademais, a China abandonou a posição ambígua em que esteve nos últimos anos, ora fornecendo subsídios, ora pressionando pela desnuclearização do país, e passou a estreitar laços com a Coreia do Norte, envolvendo-se em grandes projetos de cooperação bilateral. De fato, um dos principais impulsos que a Coreia do Norte teve para tentar novas reformas econômicas foi a implementação do Plano Chang-Ji-Tu, projeto endossado pelo governo chinês em 2009 que previu a criação de ZEEs nas regiões de Changchun, Jilin e Tumen, localizadas no nordeste chinês, na tríplice fronteira com a Rússia e com a Coreia do Norte. A iniciativa incluiu forte cooperação com a RPDC, sobretudo para a construção e modernização da infraestrutura e para o desenvolvimento industrial, a partir da intenção chinesa de utilizar o porto de Rajin – localizado no nordeste do país – para escoar a produção das suas províncias de Jilin e Heilongjiang.[8] Portanto, se bem-sucedido, esse plano irá gerar investimento externo em grande escala na Coreia do Norte, estimulando a reforma econômica e uma maior abertura do país. Em 2011, Kim Jong Il realizou uma extensa visita a empresas chinesas para estudar as reformas e aplicá-las no país, inclusive na esfera microeconômica.

A China, por sua vez, já começou a pôr em ação tal plano, investindo cerca de 2 bilhões de dólares na ZEE de Rason, na construção de usinas e estradas, no porto de Rajin – para aumentar sua capacidade –, bem como em projetos de desenvolvimento no estuário do Rio Yalu, na fronteira entre os dois Estados. A Rússia construiu um porto moderno e uma

---

[8] Tais províncias geralmente têm sua produção escoada pelo porto de Dalian. Não obstante, tal estrutura já está com capacidade quase saturada, além de ficar a uma distância muito maior das províncias em questão do que o porto de Rajin.

ferrovia. Assim, a economia da Coreia do Norte começou a se reerguer em 2011 e apresenta boas perspectivas de mudança para os próximos anos, especialmente por meio da cooperação chinesa e do aprimoramento do seu modelo de desenvolvimento econômico. Enquanto isso, a Coreia do Norte segue como um dos países mais refratários à "globalização", o que incomoda (mas excita) alguns, que dizem se preocupar com o "sofrimento" do povo norte-coreano (embora pouco se importem com o de seus próprios países). O urbanismo monumental e a disciplina do povo contrastam com o resto do mundo, e poucas explicações científicas são dadas sobre o funcionamento de tal sociedade, que contraria a "lógica global".

7. *Byungjin*: defesa, economia e modernização

A segunda transição norte-coreana

Neste início do século XXI, a Coreia passou a ocupar um espaço privilegiado no campo das decisões envolvendo a grande diplomacia. As quatro potências com as quais os dois Estados coreanos tiveram que interagir mais diretamente enfrentaram mudanças que afetaram os destinos da península, conferindo um caráter estratégico, e dessa vez global, à região. A China continuou se fortalecendo e agora coopera com a Rússia, tentando evitar uma projeção desmedida dos EUA sobre a Ásia. Os norte-americanos, por sua vez, tentam reafirmar sua supremacia sobre seus velhos aliados, Tóquio e Seul. Mas tanto Japão quanto Coreia do Sul são condicionados por necessidades econômicas que os direcionam para o polo de desenvolvimento da Ásia oriental, pois somente com certo grau de autonomia esse desenvolvimento pode prosseguir.

Apesar de tudo, nos anos 2000, a Coreia do Norte conseguiu amenizar a crise econômica e garantir a continuidade do regime. No plano interno, isso se deu graças à redefinição da aliança entre Kim Jong Il e as Forças Armadas (com maior peso para estas), bem como às tentativas de reformas de natureza econômica. Já no plano externo, a recuperação se deveu, especialmente, aos investimentos chineses, à aproximação econômica com a Coreia do Sul e à barganha política com os EUA acerca de seu programa nuclear, sobretudo após o Acordo Quadro de 1994 e a criação das Six Party Talks (Negociações das Seis Partes), em 2003.

Com a morte de Kim Jong Il, em dezembro de 2011, a Coreia do Norte passou novamente por um momento de incerteza, tendo em vista a abrupta transição política a ser realizada por Kim Jong Un que, por sua vez, só passou a ser reconhecido oficialmente como herdeiro legítimo em fins de 2010. Nesse contexto, é necessário analisar as mudanças que se processaram dentro do Estado norte-coreano nos últimos anos, tanto no campo econômico quanto no político, para compreender o significado de tal transição para o presente e o futuro do país, bem como seus impactos para a estabilidade do nordeste asiático.

Embora alguns analistas apresentem o processo sucessório que conduziu Kim Jong Un à presidência como apressado, por causa dos problemas de saúde de Kim Jong Il, as mudanças em curso na RPDC tiveram início nos últimos anos de seu governo. Após o derrame sofrido em 2008, Kim Jong Il adotou uma dupla estratégia para garantir estabilidade política interna. Em primeiro lugar, foram tomadas importantes medidas para revigorar o Partido do Trabalho da Coreia e seu aparato, com vistas a criar um novo ambiente interno para seu sucessor. Depois, na Terceira Conferência do Partido, em 2010, foram anunciados novos nomes para o Bureau Político, o Secretariado, a Comissão Militar Central e o Comitê Central. Com as novas indicações, o líder coreano tentou assegurar a assistência e a instrução do futuro presidente na condução política do país (Yang, 2010).

A recuperação da desgastada estrutura do Partido, colocado em segundo plano com a política *Songun* (de fortalecimento militar), foi uma medida crucial para garantir a sucessão. Todavia, é importante lembrar que, ainda em 2009, houve uma revisão da Constituição de 1998 que fortaleceu a organização da Comissão de Defesa Nacional, principal órgão decisório do país, e promoveu o general Jang Song Thaek (marido da tia de Kim Jong Un) a vice-presidente, deixando-o praticamente no controle da administração norte-coreana até a recuperação de Kim Jong Il. Desde 2010, com o fortalecimento da Comissão de Defesa Nacional e com a morte de seus dois principais rivais, Ri Je Gang e Ri Yong Chol, Jang Song Thaek foi o segundo homem mais poderoso do país, liderando tanto o Partido como as Forças

Armadas, além da incumbência de zelar pela transição de poder. Ao considerarmos a peculiar estrutura institucional da RPDC, há razões para acreditar que o inédito julgamento público e a execução de Jang Song Thaek representaram o desfecho de uma disputa pelo poder que começou a ser travada a partir dos problemas de saúde de Kim Jong Il.

Por outro lado, a reforma monetária de novembro de 2009, ainda que sem resultados imediatos, procurou limitar a influência de grupos de militares e de comerciantes. No ano seguinte, Kim Jong Un já controlava o aparato de inteligência norte-coreano, o que lhe permitia examinar cuidadosamente as características e os projetos da elite governante do país. Mas era necessário recuperar a economia para evitar crises de maior profundidade no momento da transição. Daí o esforço feito por Kim Jong Il para restabelecer a base industrial do país e buscar aumentar a cooperação com parceiros como a China.

Desde que assumiu o poder, em dezembro de 2011, Kim Jong Un colocou em prática suas políticas, utilizando os centros de decisão coletiva do Partido, como o Bureau Político do Comitê Central, bem como suas reuniões plenárias, e a Comissão Militar Central (Kim, 2014). Além disso, Kim Jong Un tem contato frequente com o público e demonstra grande interesse pelo desenvolvimento econômico do país e pela melhoria da qualidade de vida da população, o que revela um estilo de liderança onipresente semelhante ao do seu avô, Kim Il Sung (sem falar na semelhança física), e distinto de seu pai, o mais reservado Kim Jong Il.

No final de 2008 e início de 2009 já era possível observar a convergência política, o que conduziu a um novo equilíbrio entre civis (Partido) e militares. Logo após a morte do pai, Kim Jong Un demonstrou uma liderança consistente, revelando que sua preparação para a sucessão começou muito antes de sua designação oficial. O novo presidente logrou, sem dúvida, exercer sua influência sobre o Partido, as Forças Armadas e os demais órgãos de segurança. Duas semanas após a morte de Kim Jong Il, em 17 de dezembro de 2011, ele foi designado Comandante Supremo do Exército Popular da Coreia, ocasião em que lançou as bases de sua liderança ao promover mudanças na cúpula do estamento militar.

Em seguida vieram as alterações na estrutura do Partido e a promulgação de emendas constitucionais, quando, então, Kim Jong Un foi designado às mais altas posições no Partido – primeiro-secretário e primeiro presidente da Comissão de Defesa Nacional –, finalizando, quatro meses após a morte de seu pai, a transmissão oficial de poder (sucessão que seu pai levou quatro anos para concluir). Em julho de 2012, o novo líder foi investido de um título adicional, o de marechal da República. Embora muitos analistas retomem o conceito de poder absoluto do líder, a rapidez que marcou a consolidação do poder de Kim Jong Un revela habilidade em estabelecer uma liderança coletiva e renovada, com uma composição que garantiu ampla base de apoio nas instituições, além de recuperar o estilo popular e carismático de seu avô, que se traduz no apreço da sociedade coreana. Esse aspecto é visível nas aparições públicas do presidente, bem como em seu envolvimento direto (quase cotidiano) nas mais variadas pautas sociais.

É importante lembrar que o risco de uma intervenção militar na RPDC é percebido como real não apenas nas instâncias de poder, mas fundamentalmente pela sociedade coreana, que tem viva na memória a violência da guerra. Assim sendo, o desenvolvimento do programa nuclear como recurso de dissuasão foi apoiado amplamente, mesmo nos períodos de penúria. Hoje, ocorre o desenvolvimento paralelo do programa nuclear e da economia, baseado na lógica da Linha *Byungjin*, a qual estabelece que o escudo nuclear e missilístico permite liberar recursos para outros setores da economia, ao mesmo tempo que garante a segurança e a soberania do país. Aos poucos, essa perspectiva vem assumindo o papel de principal eixo para definir as políticas norte-coreanas. Kim Jong Un, ao lançar a Linha *Byungjin*, definiu os limites de atuação do Partido e das Forças Armadas, corrigindo as (inevitáveis e conjunturais) distorções anteriores.

A atual orientação estipula que os militares se dediquem às atividades militares e os civis às atividades civis, em uma clara revisão da política *Songun*, que priorizava o Exército Popular da Coreia. Apesar de o setor militar ser fundamental para o regime norte-coreano, tudo indica que está sob o controle do presidente. O exército convencional, cuja modernização seria caríssima, cede espaço à força de dissuasão tecnologicamente avançada, operada por outra geração de militares qualificados.

É POSSÍVEL UMA MODERNIZAÇÃO SEM REFORMAS?

As rápidas mudanças promovidas por Kim Jong Un reacenderam as expectativas de reforma econômica. Entretanto, o regime norte-coreano observa a questão com muita cautela. Ao pensar em reformas, seria improvável que a RPDC seguisse o caminho de Pequim, por exemplo. Em primeiro lugar, as reformas chinesas dos anos 1970 ocorreram em condições mais favoráveis da conjuntura política interna e externa. A aproximação com os EUA e com o Japão (e a sua consequente projeção estratégica) certamente facilitou a implementação dessas reformas pela ausência de relações conflitivas. O diálogo da RPDC com esses países e com a Coreia do Sul permanece tenso, apesar da recente reaproximação com este último. A constante ameaça externa, as recorrentes crises militares e as condições específicas produzidas pela divisão do país (potencialmente desestabilizadoras) não constituem um cenário favorável para reformas mais rápidas. Entretanto, é visível o impulso de modernização do Estado e da economia.

Para se ter uma ideia, entre fevereiro e abril de 2014, houve um aumento dos exercícios militares conjuntos dos Estados Unidos e da Coreia do Sul e há previsão de novas manobras – um porta-aviões, por exemplo, está estacionado na costa sul-coreana. Evidentemente, não há interesse em desencadear uma guerra contra a RPDC em razão de sua capacidade de defesa, mas, hoje,

28 mil militares norte-americanos estão na Coreia do Sul. Assim, seja por meio da tentativa de constrangimento bélico ou pela alternativa propiciada pelas Nações Unidas, Estados Unidos e Coreia do Sul tentam ampliar as sanções contra a RPDC. Nesse quadro, os dirigentes norte-coreanos optaram por um caminho seguro e que evita o suicídio político e físico. Dificilmente o que aconteceu na URSS e na Europa Oriental acontecerá na RPDC, ou seja, existem poucas chances de a elite política do país se integrar a um sistema capitalista, caso o regime seja derrubado. Nessa hipótese, os sul-coreanos teriam mais chances de ocupar os postos mais relevantes da economia (Lankov, 2013; Lee, 2011). Assim, é improvável que, em um cenário de reunificação, os norte-coreanos pudessem renascer no capitalismo, tendo em mente a experiência da unificação alemã em 1990.

Há, no entanto, fatores que podem se tornar indutores de mudanças econômicas. Na Zona Econômica Especial de Kaesong voltam a operar *joint ventures* entre empresas estatais do norte e privadas do sul (Thompson, 2011). No extremo norte foi criada a ZEE de Ranjin, como referido anteriormente, com um moderno porto conectado ao nordeste da China e à Rússia, que abriga empresas de vários países. E cada porção de terra arável é cultivada na pedregosa e montanhosa nação, num esforço para garantir a segurança alimentar. Busca-se uma modernização própria, que deve ser acompanhada da aceitação internacional e, especialmente, do estabelecimento de relações diplomáticas e econômicas com os EUA (com um acordo de paz), além da garantia de respeito ao regime. Objetivos que, obviamente, não seriam alcançados com a desnuclearização unilateral.

Independentemente da discussão proposta por alguns analistas sobre o tempo de vida do regime diante do poder do mercado, a RPDC seguiu um caminho próprio, fortemente estruturado na Ideia *Zuche* que postula, mais que autossuficiência, autonomia. Assim, como outros Estados constituídos pela revolução social e pela opção socialista, os norte-coreanos construíram o Estado e a nação considerando a necessidade de se proteger de um mundo exterior hostil. Nesse sentido, o isolamento do país resulta de uma combinação de fatores que tem raízes profundas na história coreana, especialmente depois da Guerra da Coreia (1950-1953). Mas esse insulamento é resultante sobretudo da pressão externa, intensificada com o fim de um dos principais parceiros do país, a URSS. Isso não significa que a RPDC deseje manter essa situação. Ao contrário, intensificam-se os mecanismos de interlocução e de cooperação com um número cada vez maior de novos Estados. O irônico é que, apesar do isolamento autoimposto ou forçado, os norte-coreanos observam com muita perspicácia as transformações na correlação de forças em nível internacional com o fim da Guerra Fria. A percepção da potencialidade das relações com as potências emergentes, ou até mesmo com os demais países em desenvolvimento, tem se ampliado e tomado forma com iniciativas que vêm ao encontro do projeto de mudanças no país.

Um dos pontos muito discutidos é a situação dos mercados privados, que hoje se encontram numa semilegalidade indefinida e não se sabe como serão tratados pelo regime. Há uma oscilação em relação a eles (como em Cuba): certo grau de tolerância está sempre sujeito a um retrocesso para não permitir a institucionalização dessa prática, como ocorreu durante a crise econômica. Alguns acreditam que os mercados privados podem ser um caminho para uma futura transição interna e abertura externa. Para outros, trata-se apenas de uma válvula de escape à qual o regime recorre.

Kim Jong Un começou a transformar a fisionomia da RPDC. Nos últimos anos, grandes projetos públicos nos setores de educação, saúde e lazer, por exemplo, tornaram-se realidade em questão de meses. O governo definiu a agricultura, a construção pública e o campo de ciência e tecnologia como prioridades. Tais escolhas refletem, em parte, que a política de sanções impostas aos norte-coreanos não atingiu nenhum de seus objetivos até o momento, pois o regime norte-coreano não dá sinais de esgotamento e tampouco está interrompendo o desenvolvimento dos programas nuclear e missílístico.

A BUSCA DA SEGURANÇA NUM MUNDO EM CRISE

Embora o governo norte-americano identifique o programa nuclear da RPDC como tema de segurança nacional de alta prioridade, a atenção dispensada pela administração do presidente Barack Obama à questão, em contraste ao que afirmou como candidato (de que fortaleceria o engajamento com Pyongyang), diminuiu consideravelmente. O secretário de Estado, John Kerry, parecia também ter aderido à postura de "esperar para ver". Entretanto, em março de 2011, o então presidente da Comissão de Relações Exteriores do Senado norte-americano, em um painel sobre a RPDC, advertiu sobre a manutenção do *status quo* na península coreana. Na ocasião, Kerry afirmou: "temos que ir além do ponto da conversa política, pois o nosso silêncio propicia que uma situação perigosa se torne pior".

Ao analisar a mudança de postura da administração Obama, é possível afirmar que, dentre as razões que podem explicar tal inflexão, está a crença de que Pyongyang jamais abandonará o seu programa nuclear, o que tornaria inútil qualquer esforço de negociação. Os parcos resultados alcançados por administrações anteriores e o consequente desinteresse em investir capital político em uma questão que produz resultados limitados (e muitas críticas) levaram à redefinição da política norte-americana para a RPDC (Cha, 2009). Importante ressaltar que a visão dos EUA também está relacionada à reversão, por parte do ex-presidente sul-coreano Lee Myung Bak, do processo de aproximação entre as Coreias iniciado durante a *Sunshine Policy*. Outro aspecto a considerar é a frustração em relação à cooperação com a China, que fez Washington redimensionar as "ameaças" norte-coreanas como pretexto para conter Pequim. Dessa forma, os norte-americanos legitimam sua presença na região. Em setembro de 2013, ao discursar por quarenta minutos diante da Assembleia Geral das Nações Unidas, Obama sequer mencionou a questão nuclear norte-coreana.

De fato, a administração Obama parece acreditar na eficácia da "paciência estratégica", ainda que muitos analistas considerem que tal estratégia não produza resultado algum. O curioso é que os norte-americanos também parecem despreocupados com os progressos que Pyongyang tem realizado nos seus programas armamentistas. Todavia, não há dúvida de que Washington usa a possibilidade de uma "ameaça nuclear" como justificativa para aumentar sua presença na região, de um lado com o claro propósito de conter a China e, de outro, para reforçar o pacto de segurança tripartite com o Japão e a Coreia do Sul. Nesse sentido, a RPDC é extremamente útil para as pretensões norte-americanas de se fazer presente na região.

Evidentemente, uma tentativa séria para reverter o impasse teria que partir de Seul, ao convencer Washington e Tóquio de que todos poderiam ganhar se as duas Coreias encontrassem um *modus vivendi* preferível a um *status quo* que, no futuro, pudesse escapar ao controle. Entretanto, a administração de Park Geun Hye parece compartilhar a visão norte-americana de que a RPDC deve dar o primeiro passo, tomando a dianteira no processo de desnuclearização. Por outro lado, não há dúvida que Pyongyang percebe que qualquer ação unilateral nesse sentido poderia representar um suicídio político.

A política de "paciência estratégica" da administração Obama é decorrente da percepção de que a RPDC não mudou com o processo de transição de liderança, ocorrido em 2011. Apesar das dificuldades econômicas no início do governo de Kim Jong Un, parece ter ficado claro a Washington que engajamento ou sanções não podem alterar o comportamento do regime. Nos EUA, praticamente todos os representantes políticos têm um único objetivo em relação ao país – que a RPDC se desnuclearize, que se "abra ao mundo", que promova reformas econômicas e sociais, que "respeite os direitos humanos". Os debates sobre a estratégia a ser utilizada permanecem os mesmos há décadas; concentram-se na ideia de estabelecer níveis de cooperação para convencer a RPDC a mudar sua perspectiva e suas relações com o resto do mundo ou coagi-la a mudar seu "mau comportamento".

Nesse sentido, cabe a pergunta: os EUA estariam dispostos a tolerar a RPDC se esta estivesse disposta a mudar o suficiente para não ameaçar seus interesses, mantendo seu caráter? Como observou Litwak (2008), historicamente, os EUA têm se preocupado com o *comportamento* de outros países, porém, mais recentemente, também com o seu *caráter*. Assim, a relutância dos EUA em conceder à RPDC *status* de igualdade a outros países atravessa várias administrações. Hillary Clinton, Donald Rumsfeld e George W. Bush não pouparam palavras pouco diplomáticas à RPDC e a seus líderes, o que realmente coloca em questão o desejo dos EUA em conviver de alguma forma com esse país. A tática da demonização da RPDC, definindo-a como "*outpost of tiranny*" ("posto avançado da tirania"), "*axis of evil*" ("eixo do mal") e "*rogue state*" ("Estado pária"), torna o diálogo impossível. Haverá, de fato, a intenção de estabelecer uma agenda política específica? Mas é preciso reconhecer a avaliação de Victor Cha, ex-assessor e frequente conselheiro da Casa Branca para as questões norte-coreanas (apesar do seu prognóstico de que Kim Jong Un cairia em seu primeiro ano de gestão), de que "a Coreia do Norte não quer apenas a bomba, mas também o *status* e o prestígio de uma potência nuclear".

Embora os testes missilísticos e nucleares realizados em Pyongyang sejam entendidos como provocações, eles integram um programa militar sistemático no qual a RPDC tem trabalhado há mais de quarenta anos como recurso de dissuasão. Ao inscrever seu autoproclamado *status* de potência nuclear na Constituição, em 2012, e ao dar moldura legal ao programa nuclear em 1º de abril de 2013, a RPDC demonstrou que pretende continuar a desenvolver sua capacidade de dissuasão. A decisão pode ter o objetivo de criar um fato consumado, para obter uma posição mais favorável no caso de uma negociação com os EUA. O uso frequente de uma retórica belicosa indica o desejo do país de fortalecer seu *status* internacional, tornando-o uma prioridade da política externa das grandes potências, além de um interlocutor indispensável. Para o público doméstico, o regime ganha crédito como um país poderoso e independente, fiel ao legado revolucionário de Kim Il Sung.

A "ofensiva de charme"[1] da RPDC, que teve início com o discurso de Ano Novo de Kim Jong Un, busca um avanço na alteração do *status quo* na península coreana. Pyongyang entende que, para assegurar a sobrevivência do regime, deverá ir além da hostilidade militar com os EUA, a mais viva relíquia da Guerra Fria e uma das mais antigas relações de animosidade da história recente. Assim, a RPDC procura nas parcerias com o Japão e com a Rússia, por exemplo, e nos esforços de reconciliação com a Coreia do Sul uma oportunidade para obter investimentos externos e diminuir o isolamento político e econômico.

Entre muitos analistas há a percepção de que as mudanças na RPDC podem ser determinadas pela China – uma visão, aliás, fortemente compartilhada pela administração norte-americana. Todavia, trata-se de um ponto de vista inconsistente por dois motivos. Em primeiro lugar, desde o início da controvérsia nuclear, nos anos 1990, o principal foco da política externa norte-coreana são as relações com os EUA, e não com a China. A RPDC quer garantias de segurança, reconhecimento diplomático e normalização das relações econômico-comerciais. Para tanto, a conclusão de um tratado de paz que estabeleça condições para relações diplomáticas, bem como a suspensão das sanções econômicas e financeiras somente podem ser negociadas com os EUA.

Em segundo lugar, embora Pyongyang tenha níveis de dependência econômica em relação a Pequim, a ascendência chinesa sobre o regime norte-coreano tem sido superestimada, em especial no que diz respeito às decisões militares. Por outro lado, como traço forte da política externa chinesa, Pequim apenas utilizará sua influência para alcançar objetivos políticos

---

[1] Expressão originada do termo inglês correlato "*charm offensive*" usada para se referir a uma campanha política que faz uso da lisonja e da adulação para obter apoio ou assentimento de outros. (N. E.)

consistentes e quando houver interesses estratégicos. Não se trata, entretanto, de simplesmente exercer influência sobre a RPDC, mas de manter relações pacíficas que garantam o *status quo* na península. O apoio chinês à RPDC assegura um vizinho amigável em sua fronteira nordeste e uma zona tampão com a Coreia do Sul, onde há forças norte-americanas e um capitalismo próspero.

Ainda que as relações entre China e Coreia do Sul tenham conhecido seu ponto alto recentemente e os líderes de ambos tenham se encontrado em diversas ocasiões – a presidenta Park Geun Hye visitou Pequim (junho de 2013) e o presidente Xi Jinping foi a Seul (julho de 2014) –, esse fato não representa uma alteração significativa. E, em certa medida, contribui para a sensação de isolamento de Pyongyang, se combinado à recente reaproximação entre o Japão e a Rússia. Entretanto, seria prematuro e superficial afirmar que esses eventos levarão o regime norte-coreano a um desgaste e um consequente colapso. É improvável que os chineses (e mesmos os russos) desejem uma península unificada sob a égide de Seul. Os objetivos políticos e estratégicos de Pequim estão relacionados à redução da influência norte-americana no país (e na região) ao apresentar à Coreia do Sul as vantagens no aprofundamento das relações econômico-comerciais entre os dois países. Embora, tanto na RPDC quanto no sul, seja reafirmado constantemente o objetivo nacional da reunificação, sua consecução não parece próxima, nem desejada seriamente pelos dois governos e pelas quatro potências vizinhas. A divisão de 1945 foi aprofundada pela guerra fratricida de 1950-1953 e os ressentimentos, nos dois lados, ainda não foram superados. Além disso, o próspero sul não está disposto a fazer sacrifícios para absorver o norte.

Em relação à Rússia, uma das formas de marcar presença na península coreana é a promoção de grandes projetos trilaterais de infraestrutura envolvendo as duas Coreias – a ligação das ferrovias norte e sul-coreanas à Transiberiana e a construção de gasoduto e linhas de transmissão da província de Primorye à Coreia do Sul, passando por território norte-

-coreano, nos quais os russos já investiram significativamente. Embora existam claros interesses geopolíticos e geoeconômicos em jogo, Moscou tem interesse na diminuição das tensões na península coreana – parece não haver dúvidas a esse respeito – e sabe que o desenvolvimento do extremo oriente do seu território depende grandemente de sua integração ao nordeste da Ásia.

O desejo russo em promover o diálogo entre as duas Coreias ficou demonstrado na visita que o presidente Vladimir Putin realizou a Seul em novembro de 2013, ocasião em que foi assinado um *memorandum* de intenções com a automotiva Hyundai, a siderúrgica Posco e a ferroviária Korail, entre outras, que expressaram o desejo de participar das atividades da *joint venture* russo/norte-coreana RasonKonTrans, em Rajin. O objetivo é transformar o porto daquela cidade próxima às fronteiras com a Rússia e com a China em um importante *hub* de transbordo de cargas, principalmente de *containers*. Seria uma avaliação precoce indicar que a crise na Ucrânia resultará em alguma mudança na política de Moscou em relação à RPDC, em particular com relação à questão nuclear. No entanto, os acontecimentos naquele país podem ter acelerado os planos para a cooperação econômica e o intercâmbio de visitas de alto nível. Além disso, a Duma de Estado ratificou acordo que prevê o perdão de 10 dos 11 bilhões da dívida norte-coreana com a Rússia.

Por outro lado, tendo em vista a disposição de Moscou de impulsionar a interligação do extremo oriente da Rússia com as duas Coreias, o governo de Seul terá que pesar seus próprios interesses de longo e médio prazos. Para a RPDC, a reaproximação com a Rússia representa uma janela de oportunidade para contrabalançar a dependência em relação à China e a possibilidade de uma segunda opção estratégica.

Quanto às relações norte-coreanas com o Japão, a recente aproximação revela, provavelmente, uma tentativa de Kim Jong Un de minar a ação coletiva dos EUA, do Japão e da Coreia do Sul em relação à RPDC. Essa postura é vista de maneira positiva por Pequim e, além disso, encontra o Japão com interesse em reduzir o seu isolamento diplomático regional, em particular em relação à China e à Coreia do Sul. Tóquio pretende demonstrar também que pode influir nos cálculos estratégicos de Pequim de alguma forma. A aproximação com Pyongyang é uma delas e, para o governo japonês, pode representar maior poder de barganha em suas relações com a Coreia do Sul, que se encontra em um dos seus piores momentos, como também com Washington e com Pequim.

Na realidade, Tóquio, ao romper laços econômicos com Pyongyang, perdeu completamente sua influência sobre a RPDC. Os pequenos passos em resposta às aberturas do norte podem ajudar a criar um canal de contato e oferecer ao Japão um conhecimento mais próximo dos desígnios norte--coreanos. Para Pyongyang, a normalização das relações com Tóquio, além de aumentar seu poder de barganha diante de Seul e de Pequim, pode abrir uma janela de oportunidade para o desenvolvimento da economia, que se ressente fortemente do isolamento internacional.

Por fim, cabe mencionar os esforços diplomáticos que o Brasil tem feito para aproximar a RPDC da comunidade internacional. A abertura da embaixada residente em Pyongyang em 2009, o curso de capacitação da ABC/Embrapa para técnicos agrícolas norte-coreanos em 2011 e as doações por intermédio do Programa Mundial de Alimentos (PMA) em 2010, 2011 e 2012 representam substancial capital político que deve ser preservado e ampliado. Esse capital acumulado constitui a base da relação de confiança que se estabeleceu entre o Brasil e a RPDC. Segundo o ministro dos Negócios Estrangeiros da RPDC, Ri Sol Yong, o governo norte-coreano "muito apreciou a iniciativa brasileira de abrir uma embaixada em Pyongyang, um canal direto de contato que permite ao Brasil ter suas próprias percepções sobre a RPDC". Ao mesmo tempo, os esforços brasileiros progridem no sentido de abrir oportunidades de atuação política, econômica e comercial na região.

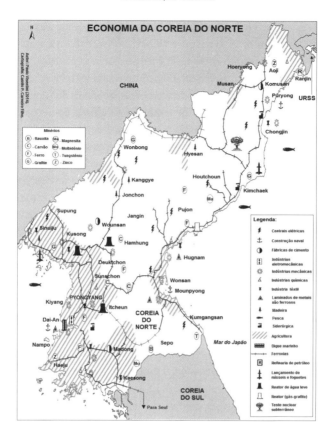

A República Popular Democrática da Coreia vista por dentro

A RPDC é um Estado construído como resultado da luta de libertação nacional e da revolução social. Nos imponentes museus em Pyongyang, encontramos não apenas a preservação da história de um país, mas fundamentalmente da memória e da autoestima de um povo. Jovens e idosos, homens e mulheres, camponeses e trabalhadores urbanos, em grande número, frequentam diariamente esses espaços. Conhecem e preservam sua história e sua memória. A experiência das guerras para a sociedade coreana é, hoje, uma referência para a defesa do país e para o bem-estar de seu povo. Ou seja, novos conflitos armados não devem acontecer. Os norte-coreanos são disciplinados, mas alegres; educados (e reservados), mas hospitaleiros. São orgulhosos do seu país e de si mesmos, e respeitadores dos demais.

A forte concepção de *nação* (aprofundada ao longo da luta antijaponesa) permitiu a construção de uma sociedade ímpar, que agregou à prática revolucionária elementos originais (profundamente ligados às complexas circunstâncias da luta de independência). A Ideia *Zuche* nasceu como uma tese específica da Revolução Coreana que, ao "considerar o povo como o céu", confere ao esforço coletivo a capacidade de não apenas alcançar a independência, mas de resistir às dificuldades e às provações, com dignidade e honra. O conceito, portanto, tem raízes profundas e influenciou decisivamente como filosofia política, assim como identidade nacional. Com esse espírito, os coreanos combateram os japoneses, resistiram à guerra imposta pelos EUA, sobreviveram às sanções e à Marcha Penosa, no imediato pós-Guerra Fria. E, ainda, revela muito sobre o processo de mudanças em curso na RPDC, agora sob a liderança de Kim Jong Un. A fisionomia do país está se transformando (mas não a essência).

As instituições políticas (e militares), a economia e a sociedade coreana experimentam modernizações importantes. Embora sutis, as mudanças são visíveis. Não se trata de reformas do tipo chinês ou vietnamita, mas de um esforço para solidificar a economia socialista coreana (que provou ser persistente e adaptável) e de um novo impulso à coesão social e à melhoria de vida da população. A estrutura de lazer, que combina entretenimento, cultura e politização, é apenas uma pequena parte do provimento de bem-estar. O que revelam as rápidas medidas do novo governo, entre outros aspectos, é o aporte dado às grandes universidades e às escolas de nível primário e secundário (creches e jardins de infância funcionam, inclusive, dentro das fábricas).

A ênfase à educação era e continua sendo uma forte característica nesse país. A infraestrutura e a oferta pedagógica universitária e das escolas básicas são notáveis, e os professores e pesquisadores são respeitados como pessoas fundamentais para o desenvolvimento da nação. Na RPDC, além de uma formação integral qualificada, as crianças aprendem outros idiomas (especialmente o inglês) desde os 7 anos de idade, por exemplo. O estudo de línguas pode ser aprimorado no nível superior em uma instituição específica, o Instituto de Línguas Estrangeiras, com 23 departamentos, entre eles o de Língua Portuguesa, com crescente procura entre os estudantes coreanos. Os profissionais formados por esse instituto serão professores, tradutores ou diplomatas.

A população norte-coreana não enfrenta problemas de acesso aos órgãos de saúde. Além da prática da medicina preventiva, postos de saúde, que garantem o primeiro atendimento, existem em todas as regiões (urbanas e rurais), como em Cuba. Hospitais especializados e bem equipados garantem um atendimento humanista ao povo, como o Hospital para as Crianças de Okryu. Lá, as crianças não parecem estar internadas. Com a presença permanente de suas mães, elas têm horário destinado às aulas (os professores vão ao hospital) para não perder o ano letivo e há também um amplo espaço de lazer, com brinquedos e diversão. Por um sistema de teleconferência, os pediatras se reúnem para discutir o diagnóstico de uma criança que reside numa região remota, evitando o ônus do deslocamento. As crianças, segundo os norte-coreanos, merecem políticas especiais.

Em um novo momento, quando a "comunidade internacional" mais uma vez se une para acusar o país de ameaçar a paz mundial, os norte-coreanos seguem a vida, com os pés na sua terra e os olhos no mundo, como declarou Kim Jong Il. Aliás, em muitos aspectos, estão à frente dos países considerados desenvolvidos. Idosos, jovens e mulheres não precisam reivindicar seus "direitos de grupo minoritário" – todos são parte igualmente importante e integrados à dinâmica social. Na memória dos norte-coreanos está muito viva, por exemplo, a imprescindível atuação militar feminina na guerrilha antijaponesa (Kim Jong Suk foi uma destacada guerrilheira, esposa de Kim Il Sung), assim como na reconstrução do país no pós-Guerra, quando jovens estudantes removeram destroços e ajudaram a reerguer sua infraestrutura. Hoje, as mulheres desempenham um importante papel social, político e econômico, embora de forma discreta e elegante, sem necessidade de afirmação.

Na zona rural e nas cidades do interior, observa-se uma vida simples, às vezes espartana, mas com acesso universal aos elementos da modernidade. Em algumas aldeias ainda há casas baixas tradicionais, mas em muitas delas, para não ocupar terra arável, são simplesmente constituídas por edifícios de quatro andares, em volta de um centro comunitário e de serviços. A paisagem é, geralmente, montanhosa, e nela as pessoas se deslocam calmamente, e um primeiro olhar é de desconfiança, logo transformado num sorriso tímido. Os coreanos são, acima de tudo, um povo com um caráter montanhês.

Problemas persistem e os desafios tendem a aumentar. Mas a RPDC sobreviveu e não dá sinais de fadiga. Ao contrário. Mais uma vez erraram os analistas convictos do esfacelamento de todas as experiências socialistas com o fim da URSS. Dos "sobreviventes", talvez possa surgir a inspiração a uma esquerda sem projeto político desde o fim da Guerra Fria ou seduzida pelos antivalores niilistas da pós-modernidade ocidental.

Conclusão

A Revolução Coreana, uma das menos conhecidas e mais detratadas dentre as experiências socialistas, constitui uma evidência da pluralidade de vias de conquista do poder e do estabelecimento de regimes revolucionários no século XX. Para sua compreensão, há alguns elementos que devem, obrigatoriamente, ser levados em consideração. Inicialmente, há a dimensão geopolítica, pois se trata do único caso de uma nação pequena totalmente encravada entre grandes potências. A busca de *autonomia*, nesse sentido, representa um elemento vital, tanto no tocante aos adversários como aos grandes aliados (China e URSS). Outra questão é que, em função da divisão e da guerra (civil e internacional), o regime da RPDC só pode ser plenamente compreendido levando em conta a existência de *outra Coreia*, a do Sul, capitalista, em suas diversas fases.

Além dos aspectos político-diplomáticos, como a busca de autonomia, o *relativo isolamento do país* e a *opacidade do regime*, a extrema *militarização* do Estado e da sociedade são elementos resultantes de tal situação. Não fosse o desenvolvimento de tais características, a Coreia do Norte teria sofrido o mesmo trágico destino da Alemanha Oriental, que foi usada como moeda de troca pela URSS durante o governo Gorbachov.

Uma outra característica histórico-cultural é a persistência de elementos de uma matriz civilizacional asiático-confuciana, embora modernizados. Todo estudioso deveria levar em conta que, além de socialista, se trata de um país asiático em que o *nacionalismo* tem raízes históricas profundas e constitui, igualmente, um instrumento político cultivado pelo regime. A RPDC é um dos Estados mais nacionalistas do mundo, mas um nacionalismo defensivo e voltado para a estabilidade interna, e não agressivo como o das grandes potências. O *Zuche* estabeleceu os elementos institucionais de tal política, que foram ainda mais aprofundados após o fim da Guerra Fria.

Trata-se de um *sistema socialista* socialmente inclusivo e igualitário, apesar dos privilégios da elite dirigente (como em qualquer lugar). Afinal, o marxismo não possui apenas um viés ocidental e, inclusive, avançou e evoluiu mais nas regiões coloniais e semicoloniais. A militarização (só superada pela de Israel), por sua vez, é decorrente de uma ameaça permanente de guerra, menos por parte da Coreia do Sul e mais dos EUA, que mantém um estado de tensão há setenta anos, com grandes efetivos e armas estratégicas na fronteira intercoreana. As origens da revolução remontam à guerrilha antijaponesa e a ênfase securitária foi reforçada pelo trauma da guerra total de 1950-1953, contribuindo para o *ethos* de Estado Caserna da Coreia do Norte.

Um elemento muito explorado é a questão do culto à personalidade dos líderes, e até o conceito de Monarquia Confuciana. A tentativa sensacionalista de buscar analogia com Stalin carece de fundamento histórico e político. Como foi visto, a preocupação com a continuidade sucessória emergiu pouco depois da Guerra da Coreia, quando ficou claro que Kruschev desejava mudar a matriz do socialismo coreano. Isso levou ao *Zuche* e, com as dificuldades que emergiram no final dos anos 1970, à ideia de sucessão familiar e o apoio em práticas políticas tradicionais da Coreia. Foi um caminho longo e difícil para que o Partido e o exército aceitassem tal política.

A segunda sucessão seguiu a mesma lógica. Mas a ideia de um poder unipessoal pode ser enganosa. A recorrente necessidade de reforçar a figura dos líderes históricos, estranha à nossa cultura política, talvez demonstre não um poder real, mas a busca de unidade. O país é urbano-industrial há sessenta anos e o regime é republicano, com diferentes e complexos centros de poder e canais burocráticos independentes entre si. O líder, que adquire uma dimensão sobre-humana na narrativa cotidiana, aparece como uma síntese e personificação da nação. Muitos temem que a linhagem sucessória familiar possa gerar falta de iniciativa ou mesmo uma crise, com uma possível perda súbita do dirigente. Não há resposta para isso e todas as previsões, até agora, falharam. A RPDC, assim, representa também um desafio teórico.

Por vinte anos, o país viveu momentos dramáticos, com os militares ocupando uma posição prioritária, o *Songun*. Kim Jong Il governou em estado de emergência, com ameaças externas e a economia privada paralela sendo tolerada como um mal menor. Quando a situação melhorou (e sua saúde piorou), ele teve de injetar vida nova no Partido para forjar mecanismos institucionais coletivos para a ascensão de seu filho mais jovem ao poder. Não poderia ser apenas um pacto entre um líder fisicamente debilitado e um grupo de generais empoderados. E Kim Jong Un, semelhante a seu avô fisicamente e no estilo ativo e informal, imprimiu dinamismo ao país. O Partido e a Constituição (que formalizou o objetivo da RPDC de se tornar potência nuclear) foram reformados em 2012, com a substituição de 40% dos quadros dirigentes. A política *Byungjin* associa a construção de um moderno sistema de dissuasão (bomba atômica e mísseis) com o desenvolvimento da economia, dentro de uma estratégia modernizadora.

O caminho a seguir, todavia, não está claro, pois existe uma economia híbrida, com áreas de mercado *ad hoc* dentro de uma economia socialista. Sempre que pode, o regime tenta controlar as primeiras. Todavia, o elemento decisivo talvez esteja na situação internacional e na formação da população. A economia mercantil necessita do Estado socialista e dificilmente teria condições de romper o equilíbrio informal, pois toda a nação vive sob ameaça. Além disso, a população norte-coreana não demonstra viver uma "lavagem cerebral" permanente, como lembra Lankov (2013), bem ao contrário. A opacidade do regime e a segurança cibernética são mecanismos defensivos plenamente racionais. É preciso aprender a decifrar os signos, sem as lentes de nossa cultura niilista. Mas, de fato, o Estado e a sociedade carecem de maior conhecimento mundial, pois se hiperespecializaram em seu entorno geográfico e no jogo das grandes potências.

As sanções ocidentais não lograram qualquer dos seus objetivos, porque a economia não é globalizada, e as referências socialistas se assemelham mais às de Cuba do que as do Vietnã e da China, onde o capitalismo não apenas coexiste materialmente, mas começa a mudar a mentalidade do povo, especialmente das novas gerações. A sinceridade, a simplicidade e até mesmo certa ingenuidade dos norte-coreanos, em geral, estão associadas à enorme força de vontade, elevada autoestima, espírito de sacrifício e orgulho do país. Algo quase surrealista, quando visto sob o prisma do ultraindividualismo da nossa sociedade. Enfim, a Coreia do Norte desafia a capacidade de compreensão e esperamos que nosso breve estudo auxilie na superação de estereótipos e no avanço do conhecimento.

Bibliografia

AM, Jo; GANG, An Chol (Eds.). *Korea in the 20th Century*. 100 Significant Events. Pyongyang: Foreign Languages, 2002.

ARMSTRONG, Charles K. *The North Korean Revolution, 1945-1950*. London: Cornell University, 2003.

_____. *Tyranny of the Weak:* North Korea and the world, 1950-1992. London: Cornell University, 2003.

BEAL, Tim. *North Korea:* The Struggle Against American Power. London: Pluto, 2005.

_____. *Crisis in Korea*. America, China and Risk of War. London: Pluto, 2011.

BRUCAN, Silviu. *La disolución del poder:* sociología de las relaciones internacionales y política. México: Siglo XXI, 1974.

CHA, Victor D. What do They Really Want? Obama's North Korea Conundrum. *The Washington Quarterly*, 32, 4, 2009.

CHOI, Chang Yoon. Interests and Policies of the Soviet Union and China toward the Korean Peninsula as Viewed from the Sino-Soviet Conflict. In: KWAK, Tae Hwan; PATTERSEN, Wayne; OLSEN, Edwar A. (Eds.). *The Two Koreas in World Politics*. Masan: Institute for Far Eastern Studies, 1983.

CHOI, Jinwook. *Changing Relations between Party, Military, and Government in North Korea and Their Impact on Policy Direction*. Shorenstein APARC, 1999.

CHOL, Ri Jong. *Songun Politics in Korea*. Pyongyang: Foreign Languages, 2012.

CHOO, Jaewoo. Mirroring North Korea's Growing Economic Dependence on China: Political Ramifications. *Asian Survey*, n.48, 2008.

CUMINGS, Bruce. *El lugar de Corea en el Sol:* una historia moderna. Córdoba: Comunicarte, 1997.

CUMINGS, Bruce. *North Korea:* Another Country. New York: The New Press, 2004.

―――. *The Korean War:* a History. New York: The Modern Library, 2010.

EBERSTADT, Nicholas. *The North Korean Economy:* Between Crisis & Catastrophe. New Jersey: Transaction, 2007.

FRANK, Rudiger. Socialist Neoconservatism and North Korean Foreign Policy. In: PARK, Kyung Ae. *New Challenges of North Korean Foreign Policy.* New York: Palgrave Macmillan, 2010.

FRENCH, Paul. *North Korea:* The Paranoid Peninsula. London: Zed, 2005.

HA, Joseph M. The Impact of the Sino-Soviet Conflict on the Korean Peninsula. In.: KWAK, Tae-Hwan; PATTERSEN, Wayne; OLSEN, Edward A. *The Two Korean in World Politics.* Masan: Institute for Far Eastern Studies, 1983.

HAGGARD, Stephan; NOLAND, Marcus. *Famine in North Korea:* Markets, Aid and Reform. New York: Columbia University, 2007.

HALLIDAY, Jon; CUMINGS, Bruce. *Korea.* The Unknown War. London: Penguin, 1990.

HAN, Yon Sup. China's Leverages over North Korea. *Korea and World Affairs,* v.18, n.2, 1994.

HANH, Bae Ho; LEE, Chae Jin (Eds.). *The Korean Peninsula and the Major Powers.* Sungnam: Sejong Institute, 1998.

HARRISON, Selig. S. *Korean Endgame:* A Strategy for Reunification and U.S. Disengagement. Princeton: Princeton University, 2002.

HO, Ho Jong; KANG, Sok Hui; PAK, Thae Ho. *The US Imperialists Started the Korean War.* Pyongyang: Foreign Languages, 1993.

HOROWITZ, David. *De Yalta au Vietnan.* Paris: Unión Générale, 1973.

HOWARD, Peter. Why Not Invade North Korea? Threats, Language Games and U.S. Foreign Policy. *International Studies Quarterly,* n.48, 2004.

HUNTER, Helen-Louise. North Korea and The Myth of Equidistance. In.: KWAK, Tae-Hwan; PATTERSEN, Wayne; OLSEN, Edward A. *The Two Koreas in World Politics.* Masan: Institute for Far Eastern Studies, 1983.

HYON, Ri Jong. *Japan's War Crimes.* Pyongyang: Foreign Languages, 1999.

JEFFRIES, Ian. *North Korea:* A Guide to Economic and Political Developments. New York: Routledge, 2006.

KANG, David C. They Think They're Normal: Enduring Questions and New Research on North Korea. *International Security,* v.36, n.3, 2011.

KIM, Il Sung. On Eliminating Dogmatism and Formalism and Establishing Juche in Ideological Work (1955). In: _____. *Selected Works.* v.1. Pyongyang: Foreign Languages, 1971.

_____. *The Present Situation and the Task Confronting Our Party*: Report Delivered at the Conference of the Workers' Party of Korea, on October 5, 1966. Tokyo: Central Standing Committee of Chongryun (the General Association of Korean Residents in Japan), 1966.

_____. *Memórias.* v.1. São Paulo: Instituto de Amizade Brasil-Coreia, 2012.

_____. *Sobre el Zuche en nuestra Revolución.* Pyongyang: Ediciones Lenguas Extranjeras, 1982. 3.v.

KIM, Chang Hwan; KANG, Sok Hi. *Histoire Générale de la Corée.* Pyongyang: Editions en Langues Etrangéres, 1995. 3v.

KIM, Gwang Oon. The Making of the North Korean State. *The Journal of Korean Studies*, v.12, n.1, 2007.

KIM, Ipyong J. *Historical Dictionary of North Korea.* Lanham/Maryland/Oxford: The Scarecrow, 2003.

KIM, Jong Il. *Giving Priority to Ideological Work is Essential for Accomplishing Socialism.* Pyongyang: Foreign Languages, 1995.

KIM, Joung Won. *Divided Korea:* The Politics of Development (1945-1972). Seoul: Hollym, 1976.

KIM, Jong Un (Ed.). *Panorama of Korea.* Pyongyang: Foreign Languages, 2003.

KIM, Jong Un. *Palabras de conclusión em el pleno de marzo de 2013 del C.C. del Partido Del Trabajo de Corea.* Pyongyang: Ediciones Lenguas Extranjeras, 2014.

_____. *Hacia la Victoria Final.* Pyongyang: Ediciones Lenguas Extranjeras, 2013.

KIM, Samuel S. China and North Korea in a Changing World. *Asian Program Special Report*, Washington, 2003.

KIM, Zong Il. *Sobre la idea Zuche de nuestro Partido.* Pyongyang: Ediciones Lenguas Extranjeras, 1985.

KIRKBRIDE, Wayne. *Panmunjon.* Facts about the Korean DMZ. Elizabeth: Hollym, 2007.

KOH, Jae Hong. Kim Jong Il's Absence and North Korean Contingency: International Cooperation and South Korea's Response. *Ilmin International Relations Institute*, Working Paper Series, n.3, 2010.

KWAK, Tae Hwan; JOO, Seung Hoo. *The Korean Peace Process and the Four Powers.* Hampshire: Ashgate Publishing Limited, 2003.

KWAK, Tae Hwan; PATTERSEN, Wayne; OLSEN, Edwar A. *The Two Koreas in World Politics.* Masan: Institute for Far Eastern Studies, 1983.

LANKOV, Andrei. *The Real North Korea.* Life and Politics in the Failed Stalinist Utopia. Oxford: Oxford University, 2013.

LEE, Chae Jin. *China and Korea: Dynamic Relations.* Stanford: Hoover, 1996.

LEE, Chong Sik. *The Political Economy of North Korea.* Los Angeles: National Bureau of Asian Reserch, 1994.

LEE, H. S. *North Korea:* A Strange Socialist Fortress. Westport: Praeger, 2001.

LEE, Ki Baik. *A New History of Korea.* Seoul: Ilchokak, 1984.

LEE, Steven Hugh. *The Korean War.* London: Longman, 2001.

LEE, Youg Sun; OKONOGI, Ma Sao (Eds.). *Japan and Korean Unification.* Seoul: Yonsei University, 1999.

LITWAK, Robert. Living with Ambiguity: Nuclear Deals with Iran and North Korea. In: *Survival: Global Politics and Strategy.* London: Routledge, n.1, 2008.

LISTER, James M. *Currency "Reform" in North Korea.* Washington: Korea Economic Institute, School of Advanced International Studies, Johns Hopkins University, 2010. Disponível em: <http://keia.org/sites/default/files/publications/10January.pdf>. Acesso em: 25 fev. 2015.

MACEACHERN, Patrick. *Inside the Red Box:* North Korea's Post-Totalitarian Politics. New York: Columbia University Press, 2010.

MANSOURV, Alexander Y. The Origins, Evolution, and Current Politics of The North Korean Nuclear Program. *The Nonploriferation Review*, Sprig-Summer, 1995.

MARISCAL Kim Jong Un em 2012. Pyongyang: Ediciones em Lenguas Extranjeras, 2014.

MIKHEEV, Vasily V. Soviet Policy toward the Korean Peninsula in the 1990's. *Korean Studies*, v.15, 1991.

MILLETT, Allan. *The War for Korea.* Lawrence: University Press of Kansas, 2010. 2 v.

MOON, Chung In; BAE, Jong Yun. The Bush Doctrine and the North Korean Nuclear Crisis. *Asian Perspective*, v.27, n.4, 2003.

NAHM, Andrew C. *Korea: Tradition & Transformation:* A History of the Korean People. New Jersey: Hollym International, 1996.

NIKSCH, Larry, A. North Korea's Nuclear Weapons Development and Diplomacy. *CRS Report for Congress*, 2010.

NOLAND, Marcus. The (non) Impact of UN Sanctions on North Korea. *Asia Policy*, n.7, 2009.

OBERDORFER, Dom. *The Two Koreas:* A Contemporary History. Londres: Warner, 1997.

PARK, Han S. Military First (Songun) Politics: Implications for External Policies. In: PARK, Kyung Ae. *New Challenges of North Korean Foreign Policy*. New York: Palgrave Macmillan, 2010.

PRITCHARD, Charles L. *Failed Diplomacy:* The Tragic Story of How North Korea Got the Bomb. Washington: The Brookings Institution, 2007.

RI, Jong Chol. *Songun Politics in Korea*. Pyongyang: Ediciones Lenguas Extranjeras, 2014.

SAVADA, A. M. *North Korea:* A Country Study. Washington: Library of Congress, 1994.

SCALAPINO, Robert A.; LEE, Chong Sik. *Communism in Corea:* The Movement. Berkeley: University of California, 1972.

SCHWEKENDIEK, Daniel. *A Socioeconomic History of North Korea*. Jefferson: McFarland & Company, 2011.

SUH, Jae Jean. Making Sense of North Korea: Institutionalizing *Juche* at the Nexus of Self and Other. *The Journal of Korean Studies*, v.12, n.1, 2007.

_____. Social Consequences of North Korean Contingency. *Ilmin International Relations Institute*, Working Paper Series, n.2, 2010.

SURET-CANALE, J.; VIDAL, J. E. *A República Popular Democrática da Coreia*. Lisboa: Estampa, 1977.

SPRINGER, Chris. *North Korea Caught in Time:* Images of War and Reconstruction. Reading: Garnet, 2009.

THOMPSON, Drew. *Chinese Joint Ventures in North Korea*. Washington: Korea Institute, School of Advanced International Studies, Johns Hopkins University, February 2011.

VISENTINI, Paulo; PEREIRA, Analúcia; MARTINS, J. M.; RIBEIRO, Luiz Dario; Gröhmann, L. G. *Revoluções e regimes marxistas*. Rupturas, experiências e impacto internacional. Porto Alegre: Leitura XXI, 2013.

YANG, U. C. Reform Without Transition: Economic Situation in North Korea After July 1st Measures. *North Korean Review*, n.6, 2010.

ZHANG, Hui. Revisiting North Korea's Nuclear Test. *China Security*, v.3, n.4, 2006.

ZHANG, Liangui. Coping with a Nuclear North Korea. *China Security*, v.3, n.4, 2007.